1 Teig, 100 Pfannkuchen, Waffeln und Crêpes

1 Teig, 100 Pfannkuchen, Waffeln und Crêpes

Christine France

Parragon

Bath • New York • Singapore • Hong Kong • Cologne • Delhi
Melbourne • Amsterdam • Johannesburg • Auckland • Shenzhen

Text: Christine France
Fotografien: Clive Bozzard-Hill
Fachberatung: Valarie Barrett

Produktion der deutschen Ausgabe: trans texas publishing, Köln
Übersetzung: Wiebke Krabbe, Köln
Lektorat: Lisa Voges, Köln
Projektmanagement: Nazire Ergün, Köln

ISBN 978-1-4454-6806-8

Printed in China

Hinweis:
Sofern die Schale von Zitrusfrüchten benötigt wird, verwenden Sie unbedingt unbehandelte Früchte.
Sind Zutaten in Löffeln angegeben, ist immer ein gestrichener Löffel gemeint: Ein Teelöffel entspricht 5 ml, ein Esslöffel 15 ml.
Sofern nicht anders angegeben, wird Vollmilch (3,5 % Fett) verwendet.
Es sollte stets frisch gemahlener schwarzer Pfeffer verwendet werden.
Bei Eiern und einzelnen Gemüsesorten, z. B. Kartoffeln, verwenden Sie mittelgroße Exemplare.
Kinder, ältere Menschen, Schwangere, Kranke und Rekonvaleszenten sollten auf Gerichte mit rohen oder nur leicht gegarten Eiern verzichten.
Die angegebenen Zeiten können von den tatsächlichen leicht abweichen, da je nach verwendeter Zubereitungsmethode und vorhandenem Herdtyp Schwankungen auftreten.

Inhalt

Einleitung

Frische Waffeln oder Pfannkuchen mit süßem Sirup oder einem leckeren Belag sind einfach unwiderstehlich. Überall kennt man zahlreiche Varianten dieser Köstlichkeit. In diesem Buch finden Sie jede Menge Ideen für süße und herzhafte Waffeln, Pfannkuchen und Crêpes – für jeden Tag und jede Gelegenheit ist etwas dabei.

Das Beste an diesem Buch ist, dass alle Waffeln und Pfannkuchen ein Grundrezept für den Teig verwenden (siehe Seite 10). Damit Sie nicht ständig blättern müssen, haben wir trotzdem bei jedem Rezept alle nötigen Zutaten aufgelistet.

Zubehör

Was Sie zum Anrühren des Teigs benötigen, haben Sie sicherlich im Haus: Rührschüssel, Messbecher und Messlöffel, Waage und Schneebesen. Für Pfannkuchen und Crêpes brauchen Sie eine große, flache Pfanne und für Waffeln ein gutes Waffeleisen.

Bei modernen elektrischen Waffeleisen wird der Teig zwischen zwei beheizten, geprägten Metallplatten gebacken. Sie sorgen für die goldbraune, gewaffelte Oberfläche, auf der der Sirup oder Belag gut haftet. Die meisten Geräte sind für dicke Waffeln im belgischen Stil konzipiert, es gibt aber auch Modelle für dünne Waffeln. Sie haben die Wahl zwischen runden, eckigen und herzförmigen Waffeln. Das Waffeleisen sollte leicht zu reinigen sein, einen Temperaturregler und Funktionskontrollleuchten haben.

Die wichtigsten Zutaten

Für einen einfachen Teig brauchen Sie Mehl, Backpulver, Salz, Eier, Milch oder eine andere Flüssigkeit sowie Öl oder Butter. Bei Crêpes entfällt das Backpulver.

Einfaches Weizenmehl kann ganz oder teilweise durch andere Sorten wie Vollkornmehl, Roggen- oder Buchweizenmehl, Polenta oder Kichererbsenmehl ersetzt werden. Dadurch verändern sich Geschmack und Textur der fertigen Waffeln oder Pfannkuchen. Mit Speisestärke werden sie knuspriger und mit glutenfreiem Mehl, etwa Reis- oder Kartoffelmehl, fallen sie weicher und schwerer aus.

Das Mehl wird mit dem Backpulver gesiebt, damit der Teig locker wird. Wenn Buttermilch oder Joghurt verwendet werden, muss zuweilen etwas Natron zugegeben werden, um die Säure auszugleichen.

An süße Teige gibt man in der Regel Zucker. Je nach Geschmack und Textur ist jede Art geeignet: Puderzucker und feine Raffinade lösen sich schnell auf und haben keinen Eigengeschmack. Rohrzucker ist körniger und hat ein Karamellaroma. Honig und Ahornsirup werden meist zum Servieren verwendet, können aber auch den Teig süßen.

Eier binden den Teig. Man kann sie im Ganzen verwenden oder trennen und das Eiweiß steif schlagen, damit der Teig schön luftig wird. Zusätzliches Eigelb macht den Teig gehaltvoller.

Als Flüssigkeit wird meist Milch verwendet. Neben Vollmilch, fettarmer und entrahmter Milch sind auch Kokos-, Mandel- oder Sojamilch geeignet. Mit Buttermilch, Sahne oder Joghurt wird der Teig etwas sämiger und schmeckt kräftiger. Fruchtsaft kann als zusätzliche geschmackliche Komponente für leichte Teige genutzt werden, und Bier macht mit seiner Kohlensäure den Teig sehr locker. Für hauchdünne Crêpes wird der relativ flüssige Teig meist mit Wasser angerührt.

Salz gehört an jeden Teig, weil es den Kleber im Mehl stärkt und für die Teiglockerung sorgt. Wer möchte, kann den Grundteig mit Vanille- oder Bittermandelaroma oder anderen Essenzen leicht aromatisieren.

Weitere Zutaten

Unser Teig ist erstaunlich vielseitig. Wer das Grundrezept beherrscht, kann mit verschiedenen Zutaten experimentieren.

Fein gehacktes, geraspeltes oder püriertes Obst oder Gemüse verändert nicht nur den Geschmack, sondern auch den Nährstoffgehalt. Rote Bete oder Spinat geben herzhaften Waffeln und Pfannkuchen eine appetitliche Farbe. Fein gehackte Kräuter schmecken köstlich und geben Teigen aller Art ein zartes Grün. Fruchtpüree oder Beeren können als natürliches Süßungsmittel zugegeben werden.

Ganze Körner, Nüsse und Saaten geben Pfannkuchen und Waffeln mehr Biss und reichern sie mit Nähr- und Ballaststoffen an. Gewürze aller Art kann man problemlos unter süße und herzhafte Teige rühren. Damit sie sich gut verteilen, siebt man sie am besten mit dem Mehl.

Ein Schuss starker Kaffee gibt süßem Teig ein interessantes Aroma, das besonders gut zu Belägen mit Nüssen, Sahne oder Ahornsirup passt. Schokoladenfans können Schokoladenstreusel oder -tröpfchen in dickflüssigen Waffel- und Pfannkuchenteig rühren. Für Crêpeteig verwendet man besser Kakaopulver.

Extratipps

* Waffel- und Pfannkuchenteig sollte 5 Minuten ruhen, damit das Triebmittel aktiv werden kann.

* Crêpeteig muss 15 Minuten ruhen, damit die Stärke Zeit zum Quellen hat.

* Waffeleisen oder Pfanne immer gut vorheizen, bevor der erste Teig eingefüllt wird.

* Selbst Waffeleisen und Pfannen mit beschichteter Oberfläche müssen eingefettet und vor jeder neuen Teigportion dünn mit Öl oder Butter bestrichen werden.

* Fertig gebackene Waffeln bleiben knusprig, wenn man sie im vorgeheizten Ofen auf einem heißen Backblech warm hält.

* Den Teig mit einer Kelle oder einem Messbecher in die Pfanne oder das Waffeleisen füllen, damit die Teigportionen immer gleich groß sind.

* Nicht zu viel Teig ins Waffeleisen füllen. Der Teig breitet sich noch aus.

* Waffeln erst vor dem Servieren stapeln, sonst weichen sie auf.

* Crêpes mit Küchenpapier dazwischen stapeln, bis der ganze Teig verarbeitet ist.

* Waffeln und Pfannkuchen können etwa 3 Monate eingefroren werden. Vorher auf einem Kuchengitter abkühlen lassen und in Gefrierbeutel verpacken.

* Crêpes können ebenfalls 3 Monate eingefroren werden. Schnell abkühlen lassen, mit Backpapier dazwischen stapeln und in Gefrierbeutel packen.

Grundrezept

Ergibt ca. 500 ml Teig. Die Menge reicht für 8 große Waffeln, 12 Pfannkuchen oder 8 Crêpes.

- * 150 g Weizenmehl Type 405 (je nach Rezept kann auch Vollkornmehl, Buchweizen-, Roggen- oder Reismehl oder feine Polenta verwendet werden)
- * 1½ TL Backpulver (entfällt bei Crêpes-Rezepten)
- * 1 Prise Salz
- * 250 ml Milch (je nach Rezept kann auch Sojamilch, Kokosmilch, Buttermilch, Joghurt, Sahne, Fruchtsaft oder Bier verwendet werden)
- * 1 Ei (Größe L)
- * 2 EL Öl oder zerlassene Butter

Dies ist das Grundrezept, auf dem alle 100 Variationen von Waffeln, Pfannkuchen und Crêpes in diesem Buch aufbauen.

Die Zutaten des Grundrezepts sind in allen Rezepten mit einem * gekennzeichnet. Sie müssen also lediglich den beschriebenen Schritten folgen, dann werden Ihnen die Ideen für wunderbare Waffeln, Pfannkuchen und Crêpes nie ausgehen.

Bitte lesen Sie die Zutatenlisten sorgfältig durch, denn gelegentlich werden die Grundzutaten variiert.

Brunch

1

Blaubeerpfannkuchen mit Butterschaum

1 Für den Butterschaum die Butter in einer Schüssel mit einem elektrischen Handrührgerät schaumig rühren. Milch und Ahornsirup zufügen und zu einer hellen Creme rühren.

2 Mehl, Backpulver, Salz und Zucker in eine Schüssel sieben. Mit Milch, Ei und Öl zu einem glatten Teig verrühren. Die Blaubeeren unterheben und 5 Minuten stehen lassen.

3 Eine Pfanne dünn einfetten und bei mittlerer Temperatur erhitzen. Esslöffelgroße Teigportionen in die Pfanne setzen und braten, bis sich an der Oberfläche Blasen zeigen. Mit einem Palettmesser wenden und die andere Seite goldbraun braten. Den restlichen Teig ebenso verarbeiten. Die fertigen Pfannkuchen so lange warm halten.

4 Die Pfannkuchen stapeln, mit einigen Blaubeeren, einem Löffel Butterschaum und etwas Ahornsirup servieren.

Für 4 Personen

- * 150 g Weizenmehl
- * 1½ TL Backpulver
- * 1 Prise Salz
- 2 EL Zucker
- * 250 ml Milch
- * 1 Ei (Größe L)
- * 2 EL Sonnenblumenöl, plus etwas zum Einfetten
- 150 g Blaubeeren, plus einige zum Garnieren

Butterschaum

- 120 g Butter, zimmerwarm
- 2 EL Milch
- 1 EL Ahornsirup, plus etwas zum Servieren

2

Buttermilchpfannkuchen mit Beerenkompott

1. Für das Kompott die Beeren mit Zucker und Zitronensaft in einem Topf sanft erhitzen, bis sich der Zucker auflöst. Kurz umrühren und warm halten.

2. Mehl, Backpulver, Salz und Zucker in eine Schüssel sieben. Mit Buttermilch, Ei und Butter zu einem glatten Teig verrühren und 5 Minuten stehen lassen.

3. Eine Pfanne dünn einfetten und bei mittlerer Temperatur erhitzen. Esslöffelgroße Teigportionen in die Pfanne setzen und braten, bis sich an der Oberfläche Blasen zeigen. Mit einem Palettmesser wenden und die andere Seite goldbraun braten. Den restlichen Teig ebenso verarbeiten. Die fertigen Pfannkuchen so lange warm halten.

4. Sofort mit dem Kompott servieren.

Für 4 Personen

* 150 g Weizenmehl
* 1½ TL Backpulver
* 1 Prise Salz
* 1 EL Zucker
* 250 ml Buttermilch
* 1 Ei (Größe L)
* 2 EL zerlassene Butter
* Sonnenblumenöl, zum Einfetten

Kompott

140 g Himbeeren
140 g Rote Johannisbeeren
140 g Brombeeren
40 g Zucker
1 EL Zitronensaft

3

Minipfannkuchen mit Ahornsirup

1. Mehl, Backpulver und Salz in eine Schüssel sieben. Mit Buttermilch, Ei und Butter zu einem glatten Teig verrühren und 5 Minuten stehen lassen.

2. Eine Pfanne dünn einfetten und bei mittlerer Temperatur erhitzen. Mit einem Löffel Teigportionen von etwa 4 cm Durchmesser hineinsetzen und braten, bis sich an der Oberfläche Blasen zeigen.

3. Mit einem Palettmesser wenden und die andere Seite goldbraun braten. Den restlichen Teig ebenso verarbeiten. Die fertigen Pfannkuchen so lange warm halten.

4. Die Pfannkuchen stapeln, mit Ahornsirup beträufeln und servieren.

Für 4–6 Personen

- 150 g Weizenmehl
- 1½ TL Backpulver
- 1 Prise Salz
- 250 ml Buttermilch
- 1 Ei (Größe L)
- 2 EL zerlassene Butter

Sonnenblumenöl, zum Einfetten
Ahornsirup, zum Servieren

4

Apfel-Crêpes mit Zimt

1. Mehl, Zimt und Salz in eine Schüssel sieben. Mit Milch, Apfelsaft, Ei und Butter zu einem glatten, schaumigen Teig verrühren und 15 Minuten stehen lassen.

2. Für die Füllung Äpfel, Zitronensaft und Zucker in einem mittleren Topf bei geschlossenem Deckel unter gelegentlichem Rühren bei mittlerer Temperatur weich dünsten. Warm halten.

3. ½ Teelöffel Butter in einer Pfanne (Ø 20 cm) bei mittlerer Temperatur erhitzen. So viel Teig unter Schwenken darin verteilen, dass der Boden dünn bedeckt ist. Die Unterseite goldbraun braten, dann mit einem Palettmesser wenden und die andere Seite goldbraun braten.

4. Den restlichen Teig ebenso verarbeiten. Die fertigen Crêpes mit Küchenpapier dazwischen stapeln und warm halten.

5. Die Crêpes mit Äpfeln füllen, falten und fächerförmig anrichten. Mit etwas Zimt bestäuben und sofort servieren.

Für 4 Personen

- 150 g Weizenmehl
- 1 TL Zimt, plus etwas zum Bestreuen
- 1 Prise Salz
- 250 ml Milch
- 100 ml Apfelsaft
- 1 Ei (Größe L)
- 2 EL zerlassene Butter
- Butter, zum Braten

Füllung

- 3 Tafeläpfel, geschält, in Scheiben
- Saft von ½ Zitrone
- 2 EL brauner Zucker

5

Müslipfannkuchen mit Honig

1. Mehl, Backpulver und Salz in eine Schüssel sieben. Mit Milch, Ei, Öl und Joghurt zu einem glatten Teig verrühren. Das Müsli untermischen und 5 Minuten stehen lassen.

2. Eine Pfanne dünn einfetten und bei mittlerer Temperatur erhitzen. Esslöffelgroße Teigportionen in die Pfanne setzen und braten, bis sich an der Oberfläche Blasen zeigen.

3. Mit einem Palettmesser wenden und die andere Seite goldbraun braten. Den restlichen Teig ebenso verarbeiten. Die fertigen Pfannkuchen so lange warm halten.

4. Die Pfannkuchen mit Honig beträufeln und sofort servieren.

Für 4 Personen

- 150 g Weizenmehl
- 1½ TL Backpulver
- 1 Prise Salz
- 250 ml Milch
- 1 Ei (Größe L)
- 2 EL Sonnenblumenöl, plus etwas zum Einfetten

2 EL fettarmer Naturjoghurt
140 g Müsli
flüssiger Honig, zum Servieren

6

Espressowaffeln mit Vanillesahne

1. Für die Vanillesahne Sahne, Zucker und Vanillearoma in einer Schüssel halbsteif schlagen.

2. Mehl, Backpulver und Salz in eine Schüssel sieben. Mit Milch, Kaffee, Ei, Butter und Zucker zu einem glatten Teig verrühren und 5 Minuten stehen lassen.

3. Ein Waffeleisen dünn einfetten und vorheizen. Etwas Teig ins Waffeleisen füllen und goldbraun backen. Den restlichen Teig ebenso verarbeiten. Die fertigen Waffeln so lange warm halten.

4. Die Waffeln mit einem Löffel Sahne anrichten, mit etwas Kakaopulver bestäuben und sofort servieren.

Für 4 Personen

- 150 g Weizenmehl
- 1½ TL Backpulver
- 1 Prise Salz
- 125 ml Milch
- 125 ml Espresso oder starker Kaffee
- 1 Ei (Größe L)
- 2 EL zerlassene Butter
- 1 EL Vollrohrzucker
- Sonnenblumenöl, zum Einfetten
- Kakaopulver, zum Bestreuen

Vanillesahne

- 200 g Schlagsahne
- 1 EL brauner Zucker
- 5 Tropfen Vanillearoma

Bananenpfannkuchen mit Ahornbutter

1. Mehl, Backpulver, Zucker und Salz in eine Schüssel sieben. Mit Buttermilch, Ei und Butter zu einem glatten Teig verrühren. Zwei Bananen zerdrücken, mit der Orangenschale sorgfältig unter den Teig rühren und 5 Minuten stehen lassen.

2. Eine Pfanne dünn einfetten und bei mittlerer Temperatur erhitzen. Esslöffelgroße Teigportionen in die Pfanne setzen und braten, bis sich an der Oberfläche Blasen zeigen.

3. Mit einem Palettmesser wenden und die andere Seite goldbraun braten. Den restlichen Teig ebenso verarbeiten. Die fertigen Pfannkuchen so lange warm halten.

4. Für die Ahornbutter die Butter mit dem Ahornsirup schaumig rühren.

5. Die restliche Banane in Scheiben schneiden. Mit den Pfannkuchen und der Ahornbutter anrichten und servieren.

Für 4 Personen

* 150 g Weizenmehl
* 1½ TL Backpulver
  1 EL Zucker
* 1 Prise Salz
* 250 ml Buttermilch
* 1 Ei (Größe L)
* 2 EL zerlassene Butter
  3 reife Bananen
  fein abgeriebene Schale von 1 kleinen Orange
  Sonnenblumenöl, zum Einfetten

Ahornbutter

80 g Butter

4 EL Ahornsirup

8

Brioche-Waffeln mit Butter

1. Mehl, Backpulver, Salz, Zimt und Zucker in eine Schüssel sieben. Mit Milch, Ei und Butter zu einem glatten Teig verrühren und 5 Minuten stehen lassen.

2. Ein Waffeleisen dünn einfetten und vorheizen. Die Brioche-Scheiben kurz in den Teig tauchen, ins Waffeleisen legen und goldbraun backen. Die restlichen Brioche-Scheiben ebenso verarbeiten. Die fertigen Waffeln so lange warm halten.

3. Sofort mit zerlassener Butter und Zucker servieren.

Für 4 Personen

- ✳ 150 g Weizenmehl
- ✳ 1½ TL Backpulver
- ✳ 1 Prise Salz
- 1 TL Zimt
- 2 EL Zucker
- ✳ 250 ml Milch
- ✳ 1 Ei (Größe L)
- ✳ 2 EL zerlassene Butter, plus etwas zum Servieren
- Sonnenblumenöl, zum Einfetten
- 8–10 Scheiben Brioche oder anderes süßes Hefebrot
- Demerara-Zucker, zum Servieren

Pfitzauf

1. Den Backofen auf 220 °C vorheizen. Eine Muffinform mit zwölf Vertiefungen dünn einfetten und im vorgeheizten Ofen 5 Minuten anwärmen.

2. Mehl und Salz in eine Schüssel sieben. Mit Milch, Eiern, Öl, Honig, Zitronenschale und Vanillearoma zu einem glatten, schaumigen Teig verrühren.

3. Den Teig in die vorgewärmte Form gießen, wieder in den Ofen schieben und 20–25 Minuten backen, bis er aufgegangen und goldbraun ist.

4. Die Pfitzaufs aus der Form lösen, mit Puderzucker bestäuben und sofort servieren.

Für 4–6 Personen

- 2 EL Sonnenblumenöl, plus etwas zum Einfetten
- 150 g Weizenmehl
- 1 Prise Salz
- 250 ml Milch
- 2 Eier (Größe L)

2 EL flüssiger Honig

fein abgeriebene Schale von 1 Zitrone

5 Tropfen Vanillearoma

Puderzucker, zum Bestäuben

Crêpes mit exotischen Früchten

1. Mehl und Salz in eine Schüssel sieben. Mit Milch, Ananassaft, Ei, Butter und Limettenschale zu einem glatten, schaumigen Teig verrühren und 15 Minuten stehen lassen.
2. Für die Füllung Kiwi, Papaya, Ananas, Passionsfrucht und Limettensaft in einer Schüssel mischen.
3. ½ Teelöffel Butter bei mittlerer Temperatur in einer Pfanne (Ø 20 cm) erhitzen. So viel Teig unter Schwenken darin verteilen, dass der Boden dünn bedeckt ist. Die Unterseite goldbraun braten, dann mit einem Palettmesser wenden und die andere Seite goldbraun braten.
4. Den restlichen Teig ebenso verarbeiten. Die fertigen Crêpes mit Küchenpapier dazwischen stapeln und warm halten.
5. Je 1 Esslöffel Fruchtsalat in die Mitte der Crêpes geben. Zwei Seiten zur Mitte falten, mit Limettenzesten garnieren und sofort servieren.

Für 4 Personen

- 150 g Weizenmehl
- 1 Prise Salz
- 250 ml Milch
- 100 ml Ananassaft
- 1 Ei (Größe L)
- 2 EL zerlassene Butter
- fein abgeriebene Schale von ½ Limette
- Butter, zum Braten

Füllung

- 1 Kiwi, in Scheiben
- 1 kleine Papaya, in Scheiben
- ½ frische Ananas, in Scheiben
- 1 Passionsfrucht, halbiert, Fruchtfleisch herausgelöst
- Saft von ½ Limette
- Limettenzesten, zum Garnieren

Pfannkuchen mit Eiern Benedict

1. Mehl, Backpulver und Salz in eine Schüssel sieben. Mit Milch, Ei und Butter zu einem glatten Teig verrühren und 5 Minuten stehen lassen.

2. Eine Pfanne dünn einfetten und bei mittlerer Temperatur erhitzen. Esslöffelgroße Teigportionen in die Pfanne setzen und braten, bis sich an der Oberfläche Blasen zeigen.

3. Mit einem Palettmesser wenden und die andere Seite goldbraun braten. Den restlichen Teig ebenso verarbeiten. Die fertigen Pfannkuchen so lange warm halten.

4. Für die Eier Benedict Wasser in einem großen Topf zum Kochen bringen. Die Hitze reduzieren, bis es noch schwach köchelt. Die Eier aufschlagen, vorsichtig ins Wasser gleiten lassen und etwa 3 Minuten pochieren. Das Eiweiß soll fest, das Eigelb aber noch flüssig sein.

5. Inzwischen Eigelb, Senf und Zitronensaft einige Sekunden im Mixer glatt rühren. Die Butter in einem Topf zerlassen, bis sie schäumt. Bei laufendem Motor die flüssige Butter zur Eiermasse gießen, bis die Sauce eindickt. Mit Salz und Pfeffer abschmecken.

6. Jeweils 3 Pfannkuchen auf einen Teller legen. Je ein Ei und etwas Sauce darauf anrichten und mit etwas Pfeffer bestreuen. Sofort servieren.

Für 4 Personen

- 150 g Weizenmehl
- 1½ TL Backpulver
- 1 Prise Salz
- 250 ml Milch
- 1 Ei (Größe L)
- 2 EL zerlassene Butter

Sonnenblumenöl, zum Einfetten

Eier Benedict

4 Eier (Größe L)

3 Eigelb

½ TL mittelscharfer Senf

1 EL Zitronensaft

200 g Butter

Salz und Pfeffer

Schnittlauchwaffeln mit Rührei

1. Mehl, Backpulver und Salz in eine Schüssel sieben. Mit Milch, Ei, Butter und Schnittlauch zu einem glatten Teig verrühren und 5 Minuten stehen lassen.

2. Ein Waffeleisen dünn einfetten und vorheizen. Etwas Teig ins Waffeleisen füllen und goldbraun backen. Den restlichen Teig ebenso verarbeiten. Die fertigen Waffeln so lange warm halten.

3. Für das Rührei die Eier mit der Sahne verquirlen. Mit Salz und Pfeffer würzen. Die Butter bei mittlerer Temperatur in einer Pfanne zerlassen. Die Eier darin bei niedriger Temperatur unter gelegentlichem Rühren garen, bis sie gestockt, aber nicht trocken sind.

4. Die Waffeln mit dem Rührei anrichten. Mit Schnittlauch und etwas Pfeffer garnieren. Sofort servieren.

Für 4 Personen

- 150 g Weizenmehl
- 1½ TL Backpulver
- 1 Prise Salz
- 250 ml Milch
- 1 Ei (Größe L)
- 2 EL zerlassene Butter

4 EL frische Schnittlauchröllchen

Sonnenblumenöl, zum Einfetten

Rührei

8 Eier

4 EL Sahne oder Milch

Salz und Pfeffer

25 g Butter

Schnittlauchröllchen, zum Garnieren

13

Blini mit Räucherlachs

1. Mehl, Backpulver und Salz in eine Schüssel sieben. Mit Milch, Eigelb, Butter und Joghurt zu einem glatten Teig verrühren. In einer zweiten Schüssel das Eiweiß steif schlagen und vorsichtig unter den Teig heben.

2. Eine Pfanne dünn einfetten und bei mittlerer Temperatur erhitzen. Gut teelöffelgroße Teigportionen in die Pfanne setzen und braten, bis sich an der Oberfläche Blasen zeigen.

3. Mit einem Palettmesser wenden und die andere Seite goldbraun braten. Den restlichen Teig ebenso verarbeiten. Die fertigen Blini so lange warm halten. Die Teigmenge ergibt etwa 30–36 Blini.

4. Je einen Löffel Crème fraîche und etwas Räucherlachs auf die Blini geben. Mit Dillspitzen garnieren. Warm oder kalt servieren.

Für 4 Personen

- 150 g Buchweizenmehl
- 1½ TL Backpulver
- 1 Prise Salz
- 250 ml Milch
- 1 Ei (Größe L), getrennt
- 2 EL zerlassene Butter

3 EL Naturjoghurt

1 Eiweiß

Sonnenblumenöl, zum Einfetten

Zum Servieren

150 g Crème fraîche oder saure Sahne

350 g Räucherlachs

frische Dillspitzen, zum Garnieren

Speckwaffeln mit Ahornsirup

1. Mehl, Backpulver und Salz in eine Schüssel sieben. Mit Milch, Ei und Butter zu einem glatten Teig verrühren und 5 Minuten stehen lassen.
2. Ein Waffeleisen dünn einfetten und vorheizen. Etwas Teig ins Waffeleisen füllen und goldbraun backen. Den restlichen Teig ebenso verarbeiten. Die fertigen Waffeln so lange warm halten.
3. Inzwischen den Backofengrill vorheizen. Den Speck unter einmaligem Wenden knusprig braun grillen.
4. Die Waffeln mit Speck belegen, mit Ahornsirup beträufeln und sofort servieren.

Für 4 Personen

* 150 g Weizenmehl
* 1½ TL Backpulver
* 1 Prise Salz
* 250 ml Milch
* 1 Ei (Größe L)
* 2 EL zerlassene Butter

Sonnenblumenöl, zum Einfetten

12 dünne Scheiben durchwachsener Speck

Ahornsirup, zum Servieren

Pastrami auf Roggenpfannkuchen

1. Mehl, Backpulver und Salz in eine Schüssel sieben. Mit Milch, Ei, Butter und Joghurt zu einem glatten Teig verrühren und 5 Minuten stehen lassen.

2. Eine Pfanne dünn einfetten und bei mittlerer Temperatur erhitzen. Esslöffelgroße Teigportionen in die Pfanne setzen und braten, bis sich an der Oberfläche Blasen zeigen.

3. Mit einem Palettmesser wenden und die andere Seite goldbraun braten. Den restlichen Teig ebenso verarbeiten. Die fertigen Pfannkuchen so lange warm halten.

4. Die Pfannkuchen mit Mayonnaise bestreichen und je eine Scheibe Pastrami darauflegen. Mit Cornichons garnieren und sofort servieren.

Für 4 Personen

- 150 g helles Roggenmehl
- 1½ TL Backpulver
- 1 Prise Salz
- 250 ml Milch
- 1 Ei (Größe L)
- 2 EL zerlassene Butter

3 EL Naturjoghurt
Sonnenblumenöl, zum Einfetten

Zum Servieren

4 EL Mayonnaise
200 g Pastrami, in Scheiben
Cornichons, in Scheiben

16

Crêpes mit Garnelen & Avocado

1. Mehl und Salz in eine Schüssel sieben. Mit Milch, Wasser, Ei, Butter und Dill zu einem glatten, schaumigen Teig verrühren und 15 Minuten stehen lassen.

2. Für die Füllung die Avocados halbieren, entsteinen, schälen und quer in Scheiben schneiden. Mit Zitronensaft beträufeln. Garnelen und Avocados mischen, mit Salz und Pfeffer würzen.

3. Eine Pfanne (Ø 20 cm) dünn einfetten und bei mittlerer Temperatur erhitzen. So viel Teig durch Schwenken darin verteilen, dass der Boden dünn bedeckt ist. Die Unterseite goldbraun braten, dann mit einem Palettmesser wenden und die andere Seite goldbraun braten.

4. Den restlichen Teig ebenso verarbeiten. Die fertigen Crêpes mit Küchenpapier dazwischen stapeln und warm halten.

5. Die Füllung auf die Crêpes verteilen. Locker aufrollen und sofort mit Zitronenspalten servieren.

Für 4 Personen

- 150 g Weizenmehl
- 1 Prise Salz
- 250 ml Milch
- 100 ml Wasser
- 1 Ei (Größe L)
- 2 EL zerlassene Butter
- 1 EL fein gehackte Dillspitzen
- Sonnenblumenöl, zum Einfetten
- Zitronenspalten, zum Servieren

Füllung

- 2 reife Avocados
- 2 EL Zitronensaft
- 350 g gekochte Riesengarnelen, ausgelöst
- Salz und Pfeffer

17

Polentawaffeln mit Petersilienbutter

1. Für die Petersilienbutter die Butter cremig rühren, die Petersilie einarbeiten und mit Pfeffer abschmecken.
2. Mehl, Polenta, Backpulver und Salz in eine Schüssel sieben. Mit Milch, Joghurt, Ei und Butter zu einem glatten Teig verrühren. Den Mais untermischen und 5 Minuten stehen lassen.
3. Ein großes Waffeleisen dünn einfetten und vorheizen. Etwas Teig ins Waffeleisen füllen und goldbraun backen. Den restlichen Teig ebenso verarbeiten. Die fertigen Waffeln so lange warm halten.
4. Mit einem großzügigen Stück Petersilienbutter servieren.

Für 4 Personen

- 150 g Weizenmehl
- 70 g mittelfeine Polenta
- 1½ TL Backpulver
- 1 Prise Salz
- 250 ml Milch
- 2 EL Naturjoghurt
- 1 Ei (Größe L)
- 2 EL zerlassene Butter
- 200 g Gemüsemais aus der Dose, abgetropft
- Sonnenblumenöl, zum Einfetten

Petersilienbutter

- 100 g Butter
- 3 EL fein gehackte Petersilie
- Pfeffer

Crespolini

1. Mehl und Salz in eine Schüssel sieben. Mit Milch, Wasser, Ei und Öl zu einem glatten, schaumigen Teig verrühren und 15 Minuten stehen lassen.

2. Den Backofen auf 200 °C vorheizen. Eine große, flache Auflaufform dünn einfetten.

3. Eine Pfanne (Ø 20 cm) einfetten und bei mittlerer Temperatur erhitzen. So viel Teig durch Schwenken darin verteilen, dass der Boden dünn bedeckt ist. Die Unterseite goldbraun braten, dann mit einem Palettmesser wenden und die andere Seite goldbraun braten.

4. Den restlichen Teig ebenso verarbeiten. Die fertigen Crêpes mit Küchenpapier dazwischen stapeln und warm halten.

5. Für die Füllung Ricotta, Spinat, Muskatnuss und 1 Esslöffel Parmesan mischen. Mit Salz und Pfeffer würzen. Jede Crêpe mit einer Scheibe Schinken belegen. Die Ricottamasse darauf verteilen und aufrollen.

6. Die Crêpes nebeneinander in die vorbereitete Form legen, mit Öl bestreichen und mit dem restlichen Parmesan bestreuen. Im vorgeheizten Backofen 15–20 Minuten überbacken, bis der Käse goldbraun ist. Sofort servieren.

Für 4 Personen

- 150 g Weizenmehl
- 1 Prise Salz
- 250 ml Milch
- 100 ml Wasser
- 1 Ei (Größe L)
- 2 EL Olivenöl
- Sonnenblumenöl, zum Einfetten

Füllung

- 250 g Ricotta
- 400 g gegarter Spinat, gut abgetropft
- ½ TL frisch geriebene Muskatnuss
- 100 g frisch geriebener Parmesan
- Salz und Pfeffer
- 8 dünne Scheiben magerer Kochschinken

19

Pfannkuchen mit gebackenen Pilzen

Für 6 Personen

- 150 g Weizenmehl
- 1½ TL Backpulver
- 1 Prise Salz
- 250 ml Milch
- 1 Ei (Größe L)
- 2 EL zerlassene Butter

Sonnenblumenöl, zum Einfetten

Belag

50 g Butter

2 EL frisch gehackte Petersilie

1 EL frische Schnittlauchröllchen

Salz und Pfeffer

1 Knoblauchzehe, zerdrückt

3 EL Olivenöl

12 große Champignons

1. Für den Belag den Backofen auf 200 °C vorheizen. Die Butter cremig rühren. Petersilie und Schnittlauch einarbeiten. Salzen und pfeffern.
2. Knoblauch und Öl verrühren. Die Pilze nebeneinander auf ein Backblech setzen, mit dem Knoblauchöl bestreichen und mit Pfeffer und Salz würzen. Im vorgeheizten Ofen 15 Minuten garen, bis sie weich sind. Zwischendurch einmal wenden.
3. Inzwischen Mehl, Backpulver und Salz in eine Schüssel sieben. Mit Milch, Ei und Butter zu einem glatten Teig verrühren und 5 Minuten stehen lassen.
4. Eine Pfanne dünn einfetten und bei mittlerer Temperatur erhitzen. Esslöffelgroße Teigportionen in die Pfanne setzen und braten, bis sich an der Oberfläche Blasen zeigen.
5. Mit einem Palettmesser wenden und die andere Seite goldbraun braten. Den restlichen Teig ebenso verarbeiten. Die fertigen Pfannkuchen so lange warm halten.
6. Auf jeden Pfannkuchen einen Pilz setzen, mit einem Löffel Kräuterbutter füllen und sofort servieren.

20

Waffeln mit Krebsfleisch

1. Für den Belag Krebsfleisch, Zwiebeln, Limettenschale und -saft, Koriander und Cayennepfeffer mischen. Das Öl darüberträufeln und alles vorsichtig vermengen. Mit Salz und Pfeffer würzen.

2. Mehl, Backpulver und Salz in eine Schüssel sieben. Mit Milch, Ei, Butter und Koriander zu einem glatten Teig verrühren und 5 Minuten stehen lassen.

3. Ein großes Waffeleisen dünn einfetten und vorheizen. Etwas Teig ins Waffeleisen füllen und goldbraun backen. Den restlichen Teig ebenso verarbeiten. Die fertigen Waffeln so lange warm halten.

4. Die Krebsfleischmischung auf den Waffeln verteilen, mit etwas Öl beträufeln und sofort servieren.

Für 4 Personen

- 150 g Weizenmehl
- 1½ TL Backpulver
- 1 Prise Salz
- 250 ml Milch
- 1 Ei (Größe L)
- 2 EL zerlassene Butter

2 EL frisch gehackter Koriander
Sonnenblumenöl, zum Einfetten

Belag

500 g Krebsfleisch
4 Frühlingszwiebeln, in dünnen Ringen
fein abgeriebene Schale und Saft von 1 Limette
2 EL frisch gehackter Koriander
1 Prise Cayennepfeffer
1 EL Olivenöl, plus etwas zum Servieren
Salz und Pfeffer

Für jeden Tag

21

Pfannkuchen mit karamellisierten Äpfeln

1. Mehl, Backpulver, Salz und Zucker in eine Schüssel sieben. Mit Milch, Ei, Butter und Vanillearoma zu einem glatten Teig verrühren und 5 Minuten stehen lassen.

2. Eine Pfanne dünn einfetten und bei mittlerer Temperatur erhitzen. Esslöffelgroße Teigportionen in die Pfanne setzen und braten, bis sich an der Oberfläche Blasen zeigen.

3. Mit einem Palettmesser wenden und die andere Seite goldbraun braten. Den restlichen Teig ebenso verarbeiten. Die fertigen Pfannkuchen so lange warm halten.

4. Für den Belag die Butter in einem mittelgroßen Topf bei mittlerer Temperatur zerlassen. Die Äpfel zugeben, mit dem Zucker bestreuen und 6–8 Minuten dünsten, bis sie weich werden und der Zucker karamellisiert. Die Muskatnuss einrühren.

5. Die karamellisierten Äpfel auf den Pfannkuchen verteilen und sofort servieren.

Für 4 Personen

- 150 g Weizenmehl
- 1½ TL Backpulver
- 1 Prise Salz
- 1 EL Zucker
- 250 ml Milch
- 1 Ei (Größe L)
- 2 EL zerlassene Butter
- 5 Tropfen Vanillearoma
- Sonnenblumenöl, zum Einfetten

Belag

- 70 g Butter
- 3 Tafeläpfel, in Scheiben
- 50 g Zucker
- ½ TL frisch geriebene Muskatnuss

22

Waffelsandwich mit Erdnusscreme & Konfitüre

1. Mehl, Backpulver, Zucker und Salz in eine Schüssel sieben. Mit Milch, Ei und Butter zu einem glatten Teig verrühren und 5 Minuten stehen lassen.

2. Ein Waffeleisen dünn einfetten und vorheizen. Etwas Teig ins Waffeleisen füllen und goldbraun backen. Den restlichen Teig ebenso verarbeiten. Die fertigen Waffeln so lange warm halten.

3. Die Hälfte der Waffeln mit Erdnusscreme bestreichen, die andere Hälfte mit Konfitüre. Je zwei Waffeln mit verschiedenen Aufstrichen zusammensetzen.

4. Mit Puderzucker bestäuben und sofort servieren.

Für 4 Personen

* 150 g Weizenmehl
* 1½ TL Backpulver
1 EL Zucker
* 1 Prise Salz
* 250 ml Milch
* 1 Ei (Größe L)
* 2 EL zerlassene Butter
Sonnenblumenöl, zum Einfetten

Füllung

4 EL Erdnusscreme mit Stücken

4 EL Erdbeer- oder Himbeerkonfitüre

Puderzucker, zum Bestäuben

23

Pfannkuchen mit Schokotröpfchen

1. Mehl, Backpulver, Zucker und Salz in eine Schüssel sieben. Mit Milch, Ei und Butter zu einem glatten Teig verrühren. 80 g Schokotröpfchen untermischen und den Teig 5 Minuten stehen lassen.
2. Eine Pfanne dünn einfetten und bei mittlerer Temperatur erhitzen. Esslöffelgroße Teigportionen in die Pfanne setzen und braten, bis sich an der Oberfläche Blasen zeigen.
3. Mit einem Palettmesser wenden und die andere Seite goldbraun braten. Den restlichen Teig ebenso verarbeiten. Die fertigen Pfannkuchen so lange warm halten.
4. Die restlichen Schokotröpfchen im Wasserbad schmelzen und glatt rühren.
5. Die Pfannkuchen auf Tellern anrichten, mit der geschmolzenen Schokolade beträufeln und sofort servieren.

Für 4 Personen

* 150 g Weizenmehl
* 1½ TL Backpulver
  1 EL Muscovado-Zucker
* 1 Prise Salz
* 250 ml Milch
* 1 Ei (Größe L)
* 2 EL zerlassene Butter
  125 g Schokotröpfchen
  Sonnenblumenöl, zum Einfetten

24

Rüblipfannkuchen

1. Beide Mehlsorten, Backpulver, Zucker, Piment und Salz in eine Schüssel sieben. Die Kleie aus dem Sieb ebenfalls in die Schüssel geben. Mit Milch, Ei und Butter zu einem glatten Teig verrühren. Karotten und Rosinen untermischen und 5 Minuten stehen lassen.

2. Eine Pfanne dünn einfetten und bei mittlerer Temperatur erhitzen. Esslöffelgroße Teigportionen in die Pfanne setzen und braten, bis sich an der Oberfläche Blasen zeigen.

3. Mit einem Palettmesser wenden und die andere Seite goldbraun braten. Den restlichen Teig ebenso verarbeiten. Die fertigen Pfannkuchen so lange warm halten.

4. Die Pfannkuchen mit dem Zucker bestreuen und sofort mit zerlassener Butter servieren.

Für 4 Personen

* 75 g Weizenmehl
* 75 g Weizenvollkornmehl
* 1½ TL Backpulver

1 EL Muscovado-Zucker
1 TL gemahlener Piment

* 1 Prise Salz
* 250 ml Milch
* 1 Ei (Größe L)
* 2 EL zerlassene Butter

200 g Karotten, gerieben
50 g Rosinen
Öl, zum Einfetten

Zum Servieren
Muscovado-Zucker
zerlassene Butter

25

Englische Pfannkuchen

1. Mehl und Salz in eine Schüssel sieben. Mit Milch, Wasser, Ei und Butter zu einem glatten, schaumigen Teig verrühren und 15 Minuten stehen lassen.
2. Eine Pfanne (Ø 20 cm) mit Butter einfetten und bei mittlerer Temperatur erhitzen. So viel Teig durch Schwenken darin verteilen, dass der Boden dünn bedeckt ist. Die Unterseite goldbraun braten, dann mit einem Palettmesser wenden und die andere Seite goldbraun braten.
3. Den restlichen Teig ebenso verarbeiten. Die Pfannkuchen mit Küchenpapier dazwischen stapeln und warm halten.
4. Die Pfannkuchen mit Zucker bestreuen, mit Zitronensaft beträufeln und aufrollen. Sofort servieren.

Für 4 Personen

- 150 g Weizenmehl
- 1 Prise Salz
- 250 ml Milch
  100 ml Wasser
- 1 Ei (Größe L)
- 2 EL zerlassene Butter
  Butter, zum Braten

Zum Servieren
Zucker
Zitronensaft

26

Kartoffelpfannkuchen mit Schnittlauch

1. Mehl, Backpulver und Salz in eine Schüssel sieben. Mit Milch, Ei und Öl zu einem glatten Teig verrühren.
2. Die Kartoffeln schälen, raspeln und in einen Durchschlag geben. Mit Salz bestreuen und 5 Minuten ziehen lassen. Dann so viel Flüssigkeit wie möglich ausdrücken. Die Kartoffelraspel mit Schnittlauch und Senf unter den Teig rühren. Mit Pfeffer würzen.
3. Eine Pfanne dünn einfetten und bei mittlerer Temperatur erhitzen. Esslöffelgroße Teigportionen in die Pfanne setzen und braten, bis sich an der Oberfläche Blasen zeigen.
4. Mit einem Palettmesser wenden und die andere Seite goldbraun braten. Den restlichen Teig ebenso verarbeiten. Die fertigen Pfannkuchen so lange warm halten.
5. Sofort mit einem Löffel Joghurt servieren.

Für 4 Personen

- 150 g Weizenmehl
- 1½ TL Backpulver
- 1 Prise Salz
- 250 ml Milch
- 1 Ei (Größe L)
- 2 EL Sonnenblumenöl, plus etwas zum Einfetten

250 g Kartoffeln

2 EL frische Schnittlauchröllchen

1 EL körniger Senf

Pfeffer

griechischer Joghurt oder saure Sahne, zum Servieren

27

Polentawaffeln mit gerösteten Tomaten

1. Für den Belag den Backofen auf 220 °C vorheizen. Die Tomaten auf ein Backblech legen, mit Öl beträufeln und mit Salz und Pfeffer bestreuen. Im vorgeheizten Ofen etwa 10 Minuten rösten, bis sie weich und leicht gebräunt sind.

2. Inzwischen Mehl, Polenta, Backpulver und Salz in eine Schüssel sieben. Mit Buttermilch, Ei und Öl zu einem glatten Teig verrühren und 5 Minuten stehen lassen.

3. Ein Waffeleisen dünn einfetten und vorheizen. Etwas Teig einfüllen und goldbraun backen. Den restlichen Teig ebenso verarbeiten. Die fertigen Waffeln so lange warm halten.

4. Die Waffeln mit Tomaten garnieren, mit Balsamico beträufeln und sofort servieren.

Für 4 Personen

- 70 g Weizenmehl
- 80 g Polenta
- 1½ TL Backpulver
- 1 Prise Salz
- 250 ml Buttermilch
- 1 Ei (Größe L)
- 2 EL Olivenöl

Sonnenblumenöl, zum Einfetten

Belag

350 g Cocktailtomaten

2 EL Olivenöl

Salz und Pfeffer

Balsamico-Essig, zum Servieren

Käsewaffeln mit Speck

1. Den Backofengrill vorheizen. Den Speck auf den Rost legen und 3–4 Minuten grillen, bis er goldbraun und knusprig ist. Zwischendurch einmal wenden. Auf Küchenpapier abtropfen lassen, dann grob zerkrümeln.

2. Mehl, Backpulver und Salz in eine Schüssel sieben. Mit Milch, Ei und Butter zu einem glatten Teig verrühren. Speck und Käse untermischen und 5 Minuten stehen lassen.

3. Ein Waffeleisen dünn einfetten und vorheizen. Etwas Teig ins Waffeleisen füllen und goldbraun backen. Den restlichen Teig ebenso verarbeiten. Die fertigen Waffeln so lange warm halten.

4. Die Waffeln mit geriebenem Käse bestreuen und sofort servieren.

Für 4 Personen

2 dünne Scheiben durchwachsener Speck
- 150 g Weizenmehl
- 1½ TL Backpulver
- 1 Prise Salz
- 250 ml Milch
- 1 Ei (Größe L)
- 2 EL zerlassene Butter

80 g Emmentaler, fein gerieben, plus etwas zum Bestreuen
Sonnenblumenöl, zum Einfetten

29

Knusprige Crêpes mit Ratatouille

1. Für die Füllung das Öl in einer großen Pfanne bei mittlerer Temperatur erhitzen. Zwiebel und Aubergine darin goldbraun braten. Knoblauch, Zucchini, Tomaten und Oregano zugeben und mit Salz und Pfeffer würzen. Abgedeckt 25–30 Minuten köcheln lassen.

2. Inzwischen beide Mehlsorten und das Salz in eine Schüssel sieben. Die Kleie aus dem Sieb ebenfalls in die Schüssel geben. Mit Milch, Wasser, Ei und Olivenöl zu einem glatten, schaumigen Teig verrühren und 15 Minuten stehen lassen.

3. Eine Pfanne (Ø 20 cm) einfetten und bei mittlerer Temperatur erhitzen. So viel Teig durch Schwenken darin verteilen, dass der Boden dünn bedeckt ist. Die Unterseite goldbraun braten, dann mit einem Palettmesser wenden und die andere Seite goldbraun braten.

4. Den restlichen Teig ebenso verarbeiten. Die fertigen Crêpes mit Küchenpapier dazwischen stapeln und warm halten.

5. Den Backofen auf 200 °C vorheizen. Eine große, flache Auflaufform einfetten.

6. Die Füllung auf die Crêpes verteilen. Die Crêpes zusammenklappen und überlappend in die Form geben. Mit Öl bestreichen, mit Semmelbröseln bestreuen und 25–30 Minuten goldbraun überbacken. Sofort servieren.

Für 4 Personen

- * 75 g Weizenmehl
- * 75 g Weizenvollkornmehl
- * 1 Prise Salz
- * 250 ml Milch
- 100 ml Wasser
- * 1 Ei (Größe L)
- * 2 EL Olivenöl
- Sonnenblumenöl, zum Einfetten
- 4 EL Vollkornsemmelbrösel

Füllung

- 3 EL Olivenöl
- 1 rote Zwiebel, gewürfelt
- 1 große Aubergine, gewürfelt
- 1 Knoblauchzehe, zerdrückt
- 1 große Zucchini, gewürfelt
- 400 g gehackte Tomaten aus der Dose
- 2 EL frisch gehackter Oregano
- Salz und Pfeffer

30

Crêpe-Fajitas

1. Für die Füllung das Fleisch in einer Schüssel mit Knoblauch, Koriander, Kreuzkümmel, Chilipulver, Limettensaft und 1 Esslöffel Öl vermengen. Abgedeckt 30 Minuten im Kühlschrank marinieren.

2. Polenta, Speisestärke und Salz in eine Schüssel sieben. Mit Milch, Wasser, Ei und Öl zu einem glatten Teig verrühren und 15 Minuten stehen lassen.

3. Eine Pfanne (Ø 20 cm) dünn einfetten und bei mittlerer Temperatur erhitzen. Den Teig umrühren. So viel Teig durch Schwenken in der Pfanne verteilen, dass der Boden dünn bedeckt ist. Die Unterseite goldbraun braten, dann mit einem Palettmesser wenden und die andere Seite goldbraun braten.

4. Den restlichen Teig ebenso verarbeiten. Die fertigen Crêpes mit Küchenpapier dazwischen stapeln und warm halten.

5. Für die Füllung das restliche Olivenöl in einer großen Pfanne bei mittlerer Temperatur erhitzen. Paprika und Zwiebel darin 2–3 Minuten weich dünsten. Die Fleischstreifen zufügen und unter Rühren 3–4 Minuten goldbraun anbraten.

6. Die Füllung auf den Crêpes verteilen. Mit Salz und Pfeffer würzen, je 1 Esslöffel saure Sahne und geriebenen Käse daraufgeben. Die Crêpes falten und sofort servieren.

Für 4 Personen

- 150 g mittelgrobe Polenta
- 2 EL Speisestärke
- 1 Prise Salz
- 250 ml Milch
- 100 ml Wasser
- 1 Ei (Größe L)
- 2 EL Maiskeimöl, plus etwas zum Einfetten

Füllung

- 600 g Rumpsteak, in feinen Streifen
- 2 Knoblauchzehen, zerdrückt
- 2 TL gemahlener Koriander
- 1 TL gemahlener Kreuzkümmel
- 1 TL Chilipulver
- Saft von 1 Limette
- 3 EL Olivenöl
- 1 rote Paprika, in Streifen
- 1 gelbe Paprika, in Streifen
- 1 große rote Zwiebel, in Ringen
- Salz und Pfeffer
- saure Sahne und geriebener Emmentaler, zum Servieren

31

Schnelle Hähnchen-Pesto-Wraps

1. Mehl und Salz in eine Schüssel sieben. Mit Milch, Tomatensaft, Ei, Öl und Pesto zu einem glatten Teig verrühren und 15 Minuten stehen lassen.

2. Inzwischen für die Füllung Fleisch, Tomaten und Pesto in einem mittelgroßen Topf bei mittlerer Temperatur langsam zum Kochen bringen. Vom Herd nehmen, die Mayonnaise einrühren und die Füllung warm halten. Inzwischen die Crêpes backen.

3. Eine Pfanne (Ø 20 cm) dünn einfetten und bei mittlerer Temperatur erhitzen. So viel Teig durch Schwenken darin verteilen, dass der Boden dünn bedeckt ist. Die Unterseite goldbraun braten, dann mit einem Palettmesser wenden und die andere Seite goldbraun braten.

4. Den restlichen Teig ebenso verarbeiten. Die fertigen Crêpes mit Küchenpapier dazwischen stapeln und warm halten.

5. Die Crêpes mit der Füllung bestreichen und fest aufrollen. Schräg in dicke Scheiben schneiden und sofort mit grünem Salat servieren.

Für 4 Personen

- 150 g Weizenmehl
- 1 Prise Salz
- 250 ml Milch
- 100 ml Tomatensaft
- 1 Ei (Größe L)
- 2 EL Olivenöl, plus etwas zum Einfetten
- 2 EL grünes Pesto
- grüner Salat, zum Servieren

Füllung

- 500 g gegartes Hähnchenfleisch, gewürfelt
- 3 Tomaten, gewürfelt
- 2 EL grünes Pesto
- 3 EL Mayonnaise

32

Cannelloni-Crêpes

1. Mehl und Salz in eine Schüssel sieben. Mit Milch, Wasser, Ei und 2 Esslöffeln Olivenöl zu einem glatten Teig verrühren und 15 Minuten stehen lassen.

2. Eine Pfanne (Ø 20 cm) dünn einfetten und bei mittlerer Temperatur erhitzen. So viel Teig durch Schwenken darin verteilen, dass der Boden dünn bedeckt ist. Die Unterseite goldbraun braten, dann mit einem Palettmesser wenden und die andere Seite goldbraun braten.

3. Den restlichen Teig ebenso verarbeiten. Die fertigen Crêpes mit Küchenpapier dazwischen stapeln und warm halten.

4. Für die Füllung 2 Esslöffel Olivenöl in einer Pfanne bei mittlerer Temperatur erhitzen. Die Zwiebel darin 2–3 Minuten weich dünsten. Das Hackfleisch zugeben und unter ständigem Rühren 4–5 Minuten goldbraun anbraten. Die Tomaten zufügen. Mit Salz und Pfeffer würzen. Abgedeckt 15 Minuten köcheln lassen. Das Basilikum zugeben.

5. Den Backofen auf 200 °C vorheizen. Eine große, flache Auflaufform einfetten. Zwei gegenüberliegende Seiten jeder Crêpe 2,5 cm breit einschlagen. Die Füllung auf den Crêpes verteilen, dann aufrollen und nebeneinander in die Form legen. Den Bratensaft aus der Pfanne darüberträufeln.

6. Mit dem restlichen Olivenöl bestreichen, mit dem Käse bestreuen und im vorgeheizten Ofen 25–30 Minuten goldbraun überbacken. Sofort servieren.

Für 4 Personen

* 150 g Weizenmehl
* 1 Prise Salz
* 250 ml Milch
* 50 ml Wasser
* 1 Ei (Größe L)
* 3 EL Olivenöl
* Sonnenblumenöl, zum Einfetten
* 6 EL frisch geriebenen Parmesan

Füllung

* 3 EL Olivenöl
* 1 große Zwiebel, in Ringen
* 500 g Putenhackfleisch
* 400 g gehackte Tomaten aus der Dose
* Salz und Pfeffer
* 3 EL frisch gehacktes Basilikum

33

Frühlingszwiebel-Pfannkuchen mit Pilzen & Ziegenkäse

1. Mehl, Backpulver und Salz in eine Schüssel sieben. Mit Milch, Ei und Butter zu einem glatten Teig verrühren. Die gehackten Zwiebeln untermischen und 5 Minuten stehen lassen.

2. Eine Pfanne dünn einfetten und bei mittlerer Temperatur erhitzen. Zwei esslöffelgroße Teigportionen in die Pfanne setzen und braten, bis sich an der Oberfläche Blasen zeigen.

3. Mit einem Palettmesser wenden und die andere Seite goldbraun braten. Den restlichen Teig ebenso verarbeiten. Die fertigen Pfannkuchen so lange warm halten.

4. Für den Belag die Butter in einer Pfanne bei mittlerer Temperatur zerlassen. Die Schalotten darin 2 Minuten weich dünsten. Pilze und Thymian zufügen und unter häufigem Rühren goldbraun braten. Mit Salz und Pfeffer würzen.

5. Die Pilze auf die Pfannkuchen verteilen. Zerkrümelten Ziegenkäse daraufgeben, mit Thymian garnieren und sofort servieren.

Für 4 Personen

- 150 g Weizenmehl
- 1½ TL Backpulver
- 1 Prise Salz
- 250 ml Milch
- 1 Ei (Größe L)
- 2 EL zerlassene Butter

8 Frühlingszwiebeln, fein gehackt

Sonnenblumenöl, zum Einfetten

Belag

25 g Butter

2 Schalotten, fein gehackt

350 g kleine Champignons, geviertelt

1 EL frisch gehackter Thymian, plus einige Zweige zum Garnieren

Salz und Pfeffer

125 g Ziegenkäse

34

Waffeln mit Apfel-Zwiebel-Salsa

1. Für die Salsa das Öl bei mittlerer Temperatur in einer Pfanne erhitzen. Zwiebeln und Zucker darin unter gelegentlichem Rühren 20 Minuten dünsten, bis sie weich und goldbraun sind. Äpfel, Chiliflocken und Essig zufügen und weitere 15 Minuten köcheln. Abkühlen lassen.
2. Mehl, Backpulver und Salz in eine Schüssel sieben. Mit Milch, Ei und Butter zu einem glatten Teig verrühren. Käse und Zwiebel untermischen und 5 Minuten stehen lassen.
3. Ein Waffeleisen dünn einfetten und vorheizen. Etwas Teig ins Waffeleisen füllen und goldbraun backen. Den restlichen Teig ebenso verarbeiten. Die fertigen Waffeln so lange warm halten.
4. Sofort mit der Salsa servieren.

Für 4 Personen

- 150 g Weizenmehl
- 1½ TL Backpulver
- 1 Prise Salz
- 250 ml Milch
- 1 Ei (Größe L)
- 2 EL zerlassene Butter

80 g Emmentaler, gerieben

1 rote Zwiebel, geraspelt

Sonnenblumenöl, zum Einfetten

Apfel-Zwiebel-Salsa

2 EL Olivenöl

350 g rote Zwiebeln, gewürfelt

40 g Muscovado-Zucker

2 Tafeläpfel, geschält, entkernt und gewürfelt

¼ TL zerstoßene Chiliflocken

2 EL Apfelessig

35

Parmesan-Crêpes mit Spinat & Walnüssen

1. Mehl und Salz in eine Schüssel sieben. Mit Milch, Wasser, Ei und Butter zu einem glatten Teig verrühren. Den Käse einrühren und 15 Minuten stehen lassen.
2. Eine Pfanne (Ø 20 cm) dünn einfetten und bei mittlerer Temperatur erhitzen. Den Teig kurz durchrühren. So viel Teig durch Schwenken darin verteilen, dass der Boden dünn bedeckt ist. Die Unterseite goldbraun braten, dann mit einem Palettmesser wenden und die andere Seite goldbraun braten.
3. Den restlichen Teig ebenso verarbeiten. Die fertigen Crêpes mit Küchenpapier dazwischen stapeln und warm halten.
4. Für die Füllung Spinat, Sellerie, Apfel und Walnüsse in einer Schüssel mischen. Essig und Öl mit Salz und Pfeffer verrühren und unter den Salat heben.
5. Die Crêpes mit dem Salat belegen, zusammenklappen und sofort servieren.

Für 4 Personen

- 150 g Weizenmehl
- 1 Prise Salz
- 250 ml Milch
- 50 ml Wasser
- 1 Ei (Größe L)
- 2 EL zerlassene Butter
- 40 g frisch geriebener Parmesan
- Sonnenblumenöl, zum Einfetten

Füllung

- 100 g junger Blattspinat
- 2 Selleriestangen, fein gewürfelt
- 1 Tafelapfel, in dünnen Scheiben
- 50 g Walnusskerne, gehackt
- 2 EL Walnussöl
- 1 EL Weißweinessig
- Salz und Pfeffer

36

Süßkartoffel-Waffeln mit Würstchen

1. Für den Belag Butter und Öl bei mittlerer Temperatur in einer großen Pfanne erhitzen. Die Zwiebeln darin unter häufigem Rühren etwa 10 Minuten weich dünsten. Den Zucker einrühren und weitere 10 Minuten dünsten, bis die Zwiebeln goldbraun sind. Vom Herd nehmen und warm halten.

2. In einem Topf Wasser mit etwas Salz zum Kochen bringen. Die Süßkartoffelwürfel darin 10–15 Minuten garen. Abtropfen lassen, dann fein zerdrücken. Abkühlen lassen.

3. Mehl, Backpulver und Salz in eine Schüssel sieben. Mit Milch, Ei und Öl zu einem glatten Teig verrühren. Das Süßkartoffelpüree einrühren. Mit Salz und Pfeffer würzen und 5 Minuten stehen lassen.

4. Ein Waffeleisen dünn einfetten und vorheizen. Etwas Teig einfüllen und goldbraun backen. Den restlichen Teig ebenso verarbeiten. Die fertigen Waffeln so lange warm halten.

5. Den Backofengrill vorheizen. Die Würstchen 5–6 Minuten unter häufigem Wenden grillen, dann in dicke Scheiben schneiden.

6. Die Waffeln mit Wurstscheiben und Zwiebeln anrichten und sofort servieren.

Für 4 Personen

250 g Süßkartoffeln, in kleinen Stücken

- 150 g Weizenmehl
- 1½ TL Backpulver
- 1 Prise Salz
- 250 ml Milch
- 1 Ei (Größe L)
- 2 EL Sonnenblumenöl, plus etwas zum Einfetten

Pfeffer

Belag

25 g Butter

1 EL Sonnenblumenöl

400 g Zwiebeln, in dünnen Ringen

1 EL Demerara-Zucker

8 Wiener oder Frankfurter Würstchen

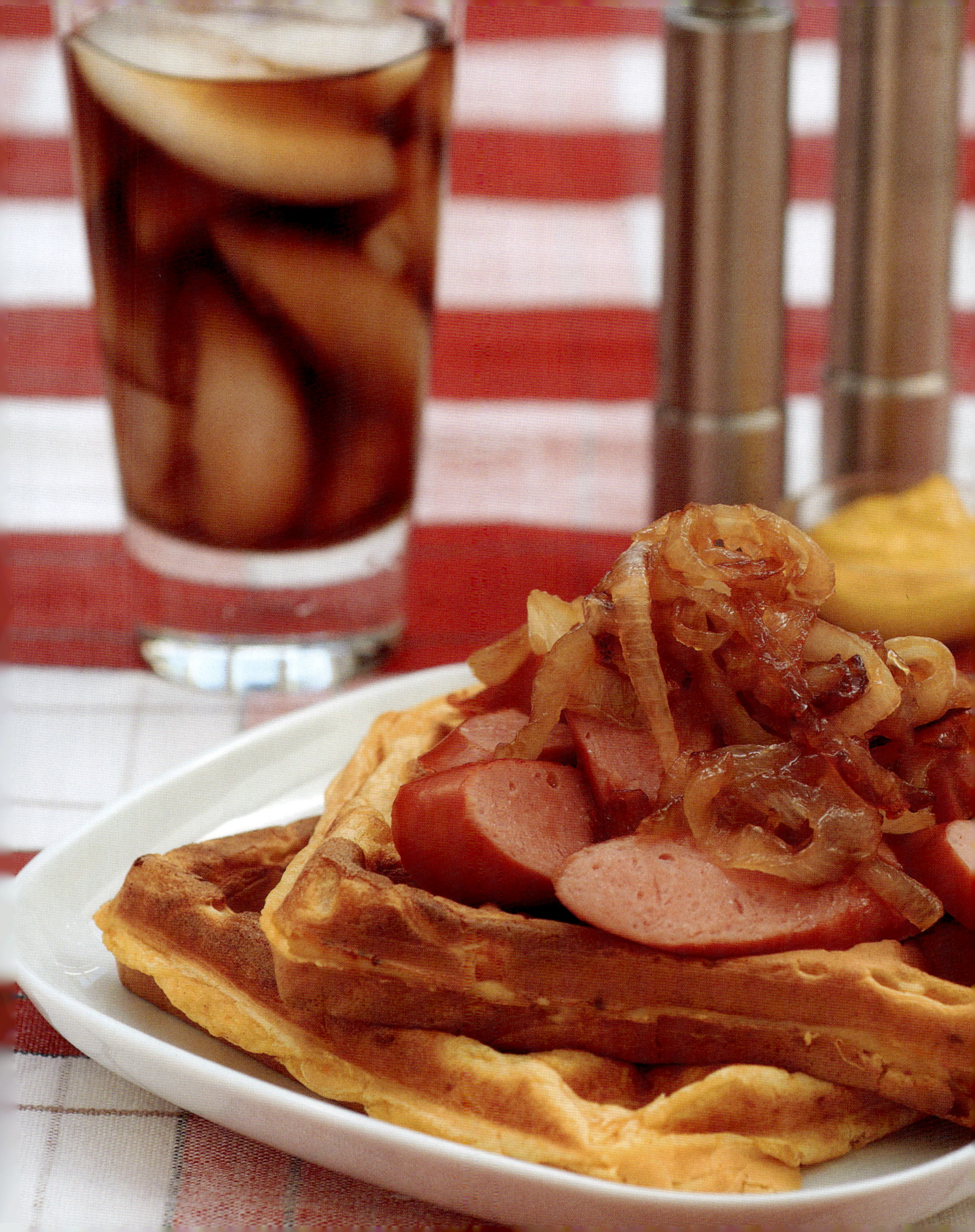

37

Crêpe-Rollen mit Gemüse & Frischkäse

1. Für die Füllung die Auberginen längs in 1 cm dicke Scheiben schneiden. Mit Salz bestreuen und 20 Minuten ziehen lassen. Abbrausen und trocken tupfen.

2. Den Backofengrill vorheizen. Die Auberginenscheiben nebeneinander auf ein Backblech legen, mit Olivenöl bestreichen und von beiden Seiten goldbraun grillen. Die Paprikahälften mit der Schnittseite nach unten nebeneinander auf ein Backblech legen und grillen, bis die Haut schwarz wird. Die Haut abziehen, das Fleisch in Streifen schneiden.

3. Mehl und Salz in eine Schüssel sieben. Mit Milch, Wasser, Ei und Öl zu einem glatten, schaumigen Teig verrühren und 15 Minuten stehen lassen.

4. Eine Pfanne (Ø 20 cm) dünn einfetten und bei mittlerer Temperatur erhitzen. So viel Teig durch Schwenken darin verteilen, dass der Boden dünn bedeckt ist. Die Unterseite goldbraun braten, dann mit einem Palettmesser wenden und die andere Seite goldbraun braten.

5. Den restlichen Teig ebenso verarbeiten. Die fertigen Crêpes mit Küchenpapier dazwischen stapeln und warm halten.

6. Je zwei Crêpes leicht überlappend nebeneinanderlegen. Zunächst den Käse, dann Auberginen, Paprika und Basilikum darauf verteilen. Mit Salz und Pfeffer würzen. Von der Schmalseite aus fest aufrollen. Schräg halbieren und sofort servieren.

Für 4 Personen

- 150 g Weizenmehl
- 1 Prise Salz
- 250 ml Milch
- 100 ml Wasser
- 1 Ei (Größe L)
- 2 EL Olivenöl
- Sonnenblumenöl, zum Einfetten

Füllung

- 2 große Auberginen
- Salz und Pfeffer
- Olivenöl, zum Bestreichen
- 2 große rote Paprika, halbiert
- 250 g Frischkäse
- 1 Handvoll frische Basilikumblätter

38

Crêpe-Pasta mit Meeresfrüchten

1. Mehl und Salz in eine Schüssel sieben. Mit Milch, Wasser, Ei und Öl zu einem glatten, schaumigen Teig verrühren und 15 Minuten stehen lassen.

2. Eine Pfanne (Ø 20 cm) dünn einfetten und bei mittlerer Temperatur erhitzen. So viel Teig durch Schwenken darin verteilen, dass der Boden dünn bedeckt ist. Die Unterseite goldbraun braten, dann mit einem Palettmesser wenden und die andere Seite goldbraun braten.

3. Den restlichen Teig ebenso verarbeiten. Die fertigen Crêpes mit Küchenpapier dazwischen stapeln und warm halten. Wenn der Teig verbraucht ist, die Crêpes aufrollen und in 1 cm breite Scheiben schneiden.

4. Für die Meeresfrüchtesauce die Butter bei mittlerer Temperatur in einer großen Pfanne zerlassen. Die Schalotten darin 3–4 Minuten weich dünsten. Muscheln, Garnelen und Zitronensaft zufügen und rühren, bis sie heiß sind. Die Crème fraîche einrühren. Mit Salz und Pfeffer abschmecken.

5. Die Meeresfrüchte bis knapp unter den Siedepunkt erhitzen. Die Crêpe-Pasta zufügen und kurz mischen. Mit Petersilie und Zitronenzesten bestreuen und sofort servieren.

Für 4 Personen

* 150 g Weizenmehl
* 1 Prise Salz
* 250 ml Milch

50 ml Wasser

* 1 Ei (Größe L)
* 2 EL Sonnenblumenöl, plus etwas zum Einfetten

Meeresfrüchtesauce

1 EL Butter

2 Schalotten, in dünnen Ringen

250 g gekochte Miesmuscheln, ausgelöst

250 g Garnelen, gegart und ausgelöst

Saft von 1 Zitrone

175 g Crème fraîche

Salz und Pfeffer

frisch gehackte Petersilie und Zitronenzesten, zum Garnieren

39

Crêpe-Torte mit Tomate & Zucchini

1. Mehl und Salz in eine Schüssel sieben. Mit Milch, Wasser, Ei und Butter zu einem glatten, schaumigen Teig verrühren und 15 Minuten stehen lassen.

2. Eine Pfanne (Ø 20 cm) dünn einfetten und bei mittlerer Temperatur erhitzen. So viel Teig durch Schwenken darin verteilen, dass der Boden dünn bedeckt ist. Die Unterseite goldbraun braten, dann mit einem Palettmesser wenden und die andere Seite goldbraun braten.

3. Den restlichen Teig ebenso verarbeiten. Die fertigen Crêpes mit Küchenpapier dazwischen stapeln und warm halten.

4. Für die Füllung den Backofen auf 190 °C vorheizen. Das Öl bei mittlerer Temperatur in einer Pfanne erhitzen. Zwiebel, Zucchini und Knoblauch darin unter ständigem Rühren 2–3 Minuten weich dünsten.

5. Eine Crêpe auf ein Backblech legen und mit etwas Zwiebel, Zucchini, Knoblauch, Tomaten und Käse belegen. Mit Salz und Pfeffer würzen. Weiter Crêpes mit Gemüse und Käse schichten; mit einer Crêpe enden.

6. Die oberste Crêpe mit Butter bestreichen, mit einigen Käsewürfeln bestreuen und im vorgeheizten Ofen 30 Minuten überbacken. In Tortenstücke schneiden und sofort servieren.

Für 4 Personen

- 150 g Weizenmehl
- 1 Prise Salz
- 250 ml Milch
- 100 ml Wasser
- 1 Ei (Größe L)
- 2 EL zerlassene Butter, plus etwas zum Einfetten

Füllung

2 EL Olivenöl

1 Zwiebel, in Ringen

3 Zucchini, in Scheiben

2 Knoblauchzehen, zerdrückt

4 große Tomaten, in Scheiben

250 g Mozzarella, gewürfelt, plus etwas zum Belegen

Salz und Pfeffer

40

Waffeln mit Ente in Hoisin-Sauce

1. Die Entenbrustfilets in dünne Streifen schneiden. Das Öl bei mittlerer Temperatur in einem Wok erhitzen und das Fleisch darin etwa 3 Minuten rundum anbräunen. Die Hoisin-Sauce zufügen und 2 Minuten leicht köcheln lassen. Warm halten.

2. Mehl, Backpulver und Salz in eine Schüssel sieben. Mit Milch, Ei, Öl und Fünf-Gewürze-Paste zu einem glatten Teig verrühren und 5 Minuten stehen lassen.

3. Ein Waffeleisen dünn einfetten und vorheizen. Etwas Teig ins Waffeleisen füllen und goldbraun backen. Den restlichen Teig ebenso verarbeiten. Die fertigen Waffeln so lange warm halten.

4. Die Waffeln mit Frühlingszwiebeln, Gurke und Fleisch anrichten. Mit der Sauce überziehen und sofort servieren.

Für 4 Personen

- 150 g Weizenmehl
- 1½ TL Backpulver
- 1 Prise Salz
- 250 ml Milch
- 1 Ei (Größe L)
- 2 EL Sonnenblumenöl, plus etwas zum Einfetten
- 1 TL chinesische Fünf-Gewürze-Paste

Belag

- 2 große Entenbrustfilets, à 350 g
- 1 EL Sesamöl
- 100 ml Hoisin-Sauce
- 1 Bund Frühlingszwiebeln, in feinen Streifen
- ½ Salatgurke, entkernt, in feinen Stiften

Für Naschkatzen

41

Brownie-Waffeln

1. Mehl, Backpulver, Salz, Natron, Kakao, Zucker und Zimt in eine Schüssel sieben. Mit Milch, Ei, Butter, Sahne und Vanillearoma zu einem glatten Teig verrühren. Schokotröpfchen und Nüsse unterheben und 5 Minuten stehen lassen.

2. Ein Waffeleisen dünn einfetten und vorheizen. Etwas Teig einfüllen und knusprig braun backen. Den restlichen Teig ebenso verarbeiten. Die fertigen Waffeln so lange warm halten.

3. Mit halbsteif geschlagener Sahne und gehackten Nüssen anrichten und sofort servieren.

Für 4 Personen

- * 150 g Weizenmehl
- * 1½ TL Backpulver
- * 1 Prise Salz
- ½ TL Natron
- 25 g Kakaopulver
- 50 g Zucker
- 1 TL Zimt
- * 250 ml Milch
- * 1 Ei (Größe L)
- * 2 EL zerlassene Butter
- 3 EL Schlagsahne
- 5 Tropfen Vanillearoma
- 80 g Schokotröpfchen
- 40 g Pekannüsse, gehackt, plus einige zum Garnieren
- Sonnenblumenöl, zum Einfetten
- Schlagsahne, zum Servieren

42

Waffeln mit Karamellsauce & Vanilleeis

1. Für die Sauce Zucker, Butter, Sahne und Weinbrand in einem kleinen Topf bei niedriger Temperatur unter ständigem Rühren erhitzen, bis sich der Zucker aufgelöst hat. Aufkochen, dann vom Herd nehmen und warm halten.
2. Mehl, Backpulver, Salz und Zucker in eine Schüssel sieben. Mit Milch, Ei und Butter zu einem glatten Teig verrühren und 5 Minuten stehen lassen.
3. Ein Waffeleisen dünn einfetten und vorheizen. Etwas Teig einfüllen und goldbraun backen. Den restlichen Teig ebenso verarbeiten. Die fertigen Waffeln so lange warm halten.
4. Die Waffeln sofort mit Vanilleeis anrichten, mit Karamellsauce überziehen und sofort servieren.

Für 4 Personen

- 150 g Weizenmehl
- 1½ TL Backpulver
- 1 Prise Salz
- 2 EL Muscovado-Zucker
- 250 ml Milch
- 1 Ei (Größe L)
- 2 EL zerlassene Butter
- Sonnenblumenöl, zum Einfetten

Karamellsauce

- 80 g Muscovado-Zucker
- 50 g Butter
- 4 EL Schlagsahne
- 1 EL Weinbrand (nach Belieben)
- Vanilleeis, zum Servieren

43

Schokoladencrêpes schwarz-weiß

1. Mehl und Salz in eine Schüssel sieben. Mit Milch, Wasser, Ei und Butter zu einem glatten, schaumigen Teig verrühren.
2. 150 ml Teig in eine zweite Schüssel füllen. Kakaopulver und Sahne einarbeiten. Beide Teige 10 Minuten stehen lassen.
3. Eine Pfanne (Ø 20 cm) einfetten und bei mittlerer Temperatur erhitzen. Von beiden Teigen etwas in die Pfanne gießen. Die Pfanne schwenken, um die Teige dünn und gleichmäßig auf dem Boden zu verteilen.
4. Die Unterseite goldbraun braten, dann mit einem Palettmesser wenden und die andere Seite goldbraun braten.
5. Den restlichen Teig ebenso verarbeiten. Die fertigen Crêpes mit Küchenpapier dazwischen stapeln und warm halten.
6. Für die Füllung weiße Schokolade, Sahne und Vanillearoma in einem kleinen Topf bei niedriger Temperatur unter ständigem Rühren schmelzen, aber nicht aufkochen.
7. Etwas weiße Schokoladensauce auf jede Crêpe gießen. Zusammenfalten und mit geraspelter Schokolade bestreuen. Sofort servieren.

Für 4 Personen

- 150 g Weizenmehl
- 1 Prise Salz
- 250 ml Milch
- 100 ml Wasser
- 1 Ei (Größe L)
- 2 EL zerlassene Butter
- 2 EL Kakaopulver
- 3 EL Sahne
- Butter, zum Einfetten

Füllung

- 140 g weiße Schokolade
- 150 g Sahne
- 5 Tropfen Vanillearoma
- 25 g Zartbitterschokolade, geraspelt

44

Waffeln mit Schokoüberzug

1. Mehl, Backpulver, Salz und Zucker in eine Schüssel sieben. Mit Sahne, Wasser, Ei, Butter und Vanillearoma zu einem glatten Teig verrühren und 5 Minuten stehen lassen.

2. Ein Waffeleisen dünn einfetten und vorheizen. Etwas Teig einfüllen und goldbraun backen. Den restlichen Teig ebenso verarbeiten. Die fertigen Waffeln so lange warm halten.

3. Die Schokolade im Wasserbad schmelzen. Die Waffeln bis zur Hälfte schräg in die Schokolade tauchen. Auf ein Stück Backpapier legen. Sobald die Schokolade erstarrt ist, die Waffeln servieren.

Für 4 Personen

- 150 g Weizenmehl
- 1½ TL Backpulver
- 1 Prise Salz
- 2 EL Muscovado-Zucker
- 250 g Sahne
- 1 EL Wasser
- 1 Ei (Größe L)
- 2 EL zerlassene Butter
- 5 Tropfen Vanillearoma
- Sonnenblumenöl, zum Einfetten
- 400 g Zartbitterschokolade, zum Überziehen

45

Pfannkuchen mit Pflaumenkompott

1. Für das Kompott die Pflaumenhälften nochmals halbieren oder vierteln. Die Butter bei hoher Temperatur in einem breiten Topf zerlassen. Die Pflaumen darin 2–3 Minuten anbraten. Den Zucker einrühren und bei mittlerer Temperatur unter gelegentlichem Rühren köcheln lassen, bis die Flüssigkeit eindickt und leicht karamellisiert.

2. Mehl, Backpulver, Salz, Zucker und Ingwer in eine Schüssel sieben. Mit Sahne, Wasser, Ei und Butter zu einem glatten Teig verrühren und 5 Minuten stehen lassen.

3. Eine Pfanne dünn einfetten und bei mittlerer Temperatur erhitzen. Esslöffelgroße Teigportionen in die Pfanne setzen und braten, bis sich an der Oberfläche Blasen zeigen.

4. Mit einem Palettmesser wenden und die andere Seite goldbraun braten. Den restlichen Teig ebenso verarbeiten. Die fertigen Pfannkuchen so lange warm halten.

5. Die Pfannkuchen mit dem Pflaumenkompott anrichten und sofort servieren.

Für 4 Personen

* 150 g Weizenmehl
* 1½ TL Backpulver
* 1 Prise Salz

1 EL Zucker

1 TL gemahlener Ingwer

* 250 g Sahne

2 EL Wasser

* 1 Ei (Größe L)
* 2 EL zerlassene Butter

Sonnenblumenöl, zum Einfetten

Belag

500 g Pflaumen, halbiert und entsteint

70 g Butter

80 g Demerara-Zucker

46

Mokka-Crêpes mit Bananenfüllung

1. Mehl und Salz in eine Schüssel sieben. Mit Milch, Kaffee, Ei und Butter zu einem glatten, schaumigen Teig verrühren und 15 Minuten stehen lassen.
2. Für die Füllung die Kondensmilch mit 4 Esslöffeln Crème double in einem schweren Topf bei mittlerer Temperatur unter ständigem Rühren erhitzen, bis die Mischung zu karamellisieren beginnt und Farbe bekommt. Vom Herd nehmen und warm halten.
3. Eine Pfanne (Ø 20 cm) einfetten und bei mittlerer Temperatur erhitzen. So viel Teig durch Schwenken darin verteilen, dass der Boden dünn bedeckt ist. Die Unterseite goldbraun braten, dann mit einem Palettmesser wenden und die andere Seite goldbraun braten.
4. Den restlichen Teig ebenso verarbeiten. Die fertigen Crêpes mit Küchenpapier dazwischen stapeln und warm halten.
5. Die Bananen in feine Scheiben schneiden. Die Crêpes mit Karamellsauce und Bananenscheiben füllen und zusammenklappen.
6. Die restliche Crème double halbsteif schlagen und je einen Löffel auf die Crêpes setzen. Mit Schokoladenspänen garnieren und sofort servieren.

Für 4 Personen

- 150 g Weizenmehl
- 1 Prise Salz
- 250 ml Milch
- 100 ml kalter, starker Kaffee
- 1 Ei (Größe L)
- 2 EL zerlassene Butter
- Butter, zum Einfetten

Füllung

- 400 ml Kondensmilch
- 300 g Crème double
- 3 Bananen
- 25 g Schokoladenspäne, zum Garnieren

47

Waffeln mit Zitronen-Frischkäse-Creme

1. Für die Füllung Frischkäse, Puderzucker, Zitronenschale und -saft glatt rühren.

2. Mehl, Backpulver, Salz, Zucker und Ingwer in eine Schüssel sieben. Mit Milch, Ei und Butter zu einem glatten Teig verrühren und 5 Minuten stehen lassen.

3. Ein Waffeleisen dünn einfetten und vorheizen. Etwas Teig ins Waffeleisen füllen und goldbraun backen. Den restlichen Teig ebenso verarbeiten. Die fertigen Waffeln abkühlen lassen.

4. Die Waffeln mit der Frischkäsecreme zusammensetzen. Einen Löffel Crème fraîche daraufsetzen. Mit Macadamianüssen und Zitronenzesten garnieren und servieren.

Für 4 Personen

- 150 g Weizenmehl
- 1½ TL Backpulver
- 1 Prise Salz
- 2 EL Zucker
- 1 TL gemahlener Ingwer
- 250 ml Milch
- 1 Ei (Größe L)
- 2 EL zerlassene Butter
- Sonnenblumenöl, zum Einfetten

Füllung & Belag

- 350 g Doppelrahmfrischkäse
- 4 EL Puderzucker
- fein abgeriebene Schale und Saft von 1 Zitrone
- 4 EL Crème fraîche

Zum Garnieren

- 50 g Macadamianüsse, gehackt und geröstet,
- Zitronenzesten

48

Crêpes mit Eis & Beerenkompott

1. Mehl, Salz und Zucker in eine Schüssel sieben. Mit Milch, Wasser, Ei, Butter und Weinbrand zu einem glatten, schaumigen Teig verrühren und 15 Minuten stehen lassen.

2. Inzwischen für die Füllung Blaubeeren, Himbeeren und Ahornsirup in einem kleinen Topf erhitzen, bis die Beeren Wasser ziehen. Vom Herd nehmen und warm halten.

3. Eine Pfanne (Ø 20 cm) einfetten und bei mittlerer Temperatur erhitzen. So viel Teig durch Schwenken darin verteilen, dass der Boden dünn bedeckt ist. Die Unterseite goldbraun braten, dann mit einem Palettmesser wenden und die andere Seite goldbraun braten.

4. Den restlichen Teig ebenso verarbeiten. Die fertigen Crêpes mit Küchenpapier dazwischen stapeln und warm halten.

5. Je eine große Eiskugel in eine Crêpe einschlagen. Mit warmem Beerenkompott überziehen und sofort servieren.

Für 4 Personen

- 150 g Weizenmehl
- 1 Prise Salz
- 1 EL Puderzucker
- 250 ml Milch
- 100 ml Wasser
- 1 Ei (Größe L)
- 2 EL zerlassene Butter
- 1 EL Weinbrand
- Butter, zum Einfetten

Füllung

- 100 g Blaubeeren
- 100 g Himbeeren
- 4 EL Ahornsirup
- 500 g Himbeer- oder Waldbeereis

49

Mandelpfannkuchen mit Erdbeeren

1. Mehl, Backpulver, Salz und Zucker in eine Schüssel sieben. Mit Milch, Ei, Butter, Sahne, Mandeln und Bittermandelaroma zu einem glatten Teig verrühren und 5 Minuten stehen lassen.

2. Eine Pfanne dünn einfetten und bei mittlerer Temperatur erhitzen. Esslöffelgroße Teigportionen in die Pfanne setzen und braten, bis sich an der Oberfläche Blasen zeigen.

3. Mit einem Palettmesser wenden und die andere Seite goldbraun braten. Den restlichen Teig ebenso verarbeiten. Die fertigen Pfannkuchen so lange warm halten.

4. Jeweils drei Pfannkuchen abwechselnd mit Crème fraîche und Erdbeeren aufschichten. Einen Löffel Crème fraîche und eine Erdbeerscheibe daraufsetzen. Mit Puderzucker und Mandelblättchen garnieren und sofort servieren.

Für 4 Personen

- 150 g Weizenmehl
- 1½ TL Backpulver
- 1 Prise Salz

2 EL Zucker

- 250 ml Milch
- 1 Ei (Größe L)
- 2 EL zerlassene Butter

2 EL Sahne
2 EL gemahlene Mandeln
5 Tropfen Bittermandelaroma
Sonnenblumenöl, zum Einfetten

Füllung & Belag

250 g Crème fraîche
250 g Erdbeeren, in Scheiben
Puderzucker, zum Bestäuben
3 EL geröstete Mandelblättchen, zum Garnieren

50

Erdnusspfannkuchen mit Birnen

1. Mehl, Backpulver, Salz und Zucker in eine Schüssel sieben. Mit Milch, Ei, Öl und Erdnusscreme zu einem glatten Teig verrühren und 5 Minuten stehen lassen.

2. Für den Belag Butter und Zucker in einem kleinen Topf bei niedriger Temperatur unter ständigem Rühren erhitzen, bis der Zucker sich aufgelöst hat. Vom Herd nehmen und warm halten.

3. Die Birnen entkernen und in Scheiben schneiden. Mit Zitronensaft beträufeln, damit sie nicht braun werden.

4. Eine Pfanne dünn einfetten und bei mittlerer Temperatur erhitzen. Gut esslöffelgroße Teigportionen in die Pfanne setzen und braten, bis sich an der Oberfläche Blasen zeigen.

5. Mit einem Palettmesser wenden und die andere Seite goldbraun braten. Den restlichen Teig ebenso verarbeiten. Die fertigen Pfannkuchen so lange warm halten.

6. Pro Person zwei Pfannkuchen mit Birnenscheiben und Karamellsauce anrichten.

Für 4 Personen

* 150 g Weizenmehl
* 1½ TL Backpulver
* 1 Prise Salz
* 1 EL Muscovado-Zucker
* 250 ml Milch
* 1 Ei (Größe L)
* 2 EL Sonnenblumenöl, plus etwas zum Einfetten
* 2 EL Erdnusscreme ohne Stückchen

Belag

25 g Butter

3 EL Muscovado-Zucker

2 reife Birnen

1 EL Zitronensaft

51

Belgische Waffeln

1. Mehl, Backpulver, Salz und Zucker in eine Schüssel sieben. Mit Milch, Eigelb und Butter zu einem glatten Teig verrühren. Das Eiweiß in einer sauberen Schüssel steif schlagen und unter den Teig heben.

2. Ein Waffeleisen dünn einfetten und vorheizen. Etwas Teig ins Waffeleisen füllen und goldbraun backen. Den restlichen Teig ebenso verarbeiten. Die fertigen Waffeln so lange warm halten.

3. Die Sahne steif schlagen und in einen Spritzbeutel mit großer Sterntülle füllen. Auf die Waffeln spritzen. Mit ganzen Erdbeeren garnieren. Mit Puderzucker bestäuben und sofort servieren.

Für 6 Personen

- 150 g Weizenmehl
- 1½ TL Backpulver
- 1 Prise Salz
- 3 EL Puderzucker
- 250 ml Milch
- 3 Eier (Größe L), getrennt
- 2 EL zerlassene Butter
- Sonnenblumenöl, zum Einfetten
- Puderzucker, zum Bestreuen

Belag

300 g Schlagsahne

350 g Erdbeeren

52

Tiramisu-Waffeln

1. Mehl, Backpulver, Salz und Zucker in eine Schüssel sieben. Das Kaffeepulver unterrühren. Mit Milch, Ei und Butter zu einem glatten Teig verrühren und 5 Minuten stehen lassen.

2. Ein Waffeleisen dünn einfetten und vorheizen. Etwas Teig ins Waffeleisen füllen und goldbraun backen. Den restlichen Teig ebenso verarbeiten. Die fertigen Waffeln so lange warm halten.

3. Die Hälfte des Likörs auf die Waffeln träufeln. Die andere Hälfte mit dem Mascarpone glatt rühren. Je zwei Waffeln mit einem Löffel Mascarpone zusammensetzen. Mit Kakaopulver und Puderzucker bestäuben und sofort servieren.

Für 4 Personen

- 150 g Weizenmehl
- 1½ TL Backpulver
- 1 Prise Salz
- 1 EL Puderzucker
- 1 EL Instant-Kaffeepulver
- 250 ml Milch
- 1 Ei (Größe L)
- 2 EL zerlassene Butter
- Sonnenblumenöl, zum Einfetten
- Kakaopulver und Puderzucker, zum Bestäuben

Füllung

6 EL Kaffeelikör

250 g Mascarpone

53

Pekannuss-Pfannkuchen mit beschwipster Ahornsauce

1. Mehl, Backpulver, Salz und Zucker in eine Schüssel sieben. Mit saurer Sahne, Milch, Ei und Butter zu einem glatten Teig verrühren. Die Nüsse unterrühren und 5 Minuten stehen lassen.

2. Inzwischen für die Sauce Butter und Ahornsirup in einem Topf bei niedriger Temperatur unter ständigem Rühren erhitzen. Den Whisky zufügen und unter ständigem Rühren bis knapp unter den Siedepunkt erhitzen. Vom Herd nehmen, die Muskatnuss einrühren und warm halten.

3. Eine Pfanne dünn einfetten und bei mittlerer Temperatur erhitzen. Esslöffelgroße Teigportionen in die Pfanne setzen und braten, bis sich an der Oberfläche Blasen zeigen.

4. Mit einem Palettmesser wenden und die andere Seite goldbraun braten. Den restlichen Teig ebenso verarbeiten. Die fertigen Pfannkuchen so lange warm halten.

5. Die Pfannkuchen mit der Sauce überziehen. Mit Nüssen bestreuen und sofort servieren.

Für 4 Personen

- 150 g Weizenmehl
- 1½ TL Backpulver
- 1 Prise Salz
- 2 EL Muscovado-Zucker
- 250 g saure Sahne
- 2 EL Milch
- 1 Ei (Größe L)
- 2 EL zerlassene Butter
- 40 g fein gehackte Pekannüsse, plus einige zum Garnieren
- Sonnenblumenöl, zum Einfetten

Sauce

- 100 g Butter
- 100 ml Ahornsirup
- 50 ml Whisky
- 1 Prise frisch geriebene Muskatnuss

54

Pfirsich-Amaretto-Crêpes

1. Mehl und Salz in eine Schüssel sieben. Mit Milch, Pfirsichnektar, Ei und Butter zu einem glatten, schaumigen Teig verrühren und 15 Minuten stehen lassen.

2. Eine Pfanne (Ø 20 cm) dünn einfetten und bei mittlerer Temperatur erhitzen. So viel Teig durch Schwenken darin verteilen, dass der Boden dünn bedeckt ist. Die Unterseite goldbraun braten, dann mit einem Palettmesser wenden und die andere Seite goldbraun braten.

3. Den restlichen Teig ebenso verarbeiten. Die fertigen Crêpes mit Küchenpapier dazwischen stapeln und warm halten.

4. Für die Füllung die Butter bei relativ hoher Temperatur in einem breiten Topf zerlassen. Die Pfirsiche zugeben, mit dem Zucker bestreuen und 2–3 Minuten unter ständigem Rühren goldbraun braten. Den Amaretto zugießen. Vom Herd nehmen.

5. Die Crêpes mit den Pfirsichen belegen und zusammenklappen. Mit dem Pfirsichsaft beträufeln, mit Amarettini-Krümeln bestreuen und sofort servieren.

Für 4 Personen

- 150 g Weizenmehl
- 1 Prise Salz
- 250 ml Milch
- 100 ml Pfirsichnektar oder Orangensaft
- 1 Ei (Größe L)
- 2 EL zerlassene Butter
- Butter, zum Einfetten
- 50 g Amarettini, zerkrümelt, zum Servieren

Füllung

- 40 g Butter
- 2 reife Pfirsiche, in Scheiben
- 50 g Zucker
- 4 EL Amaretto

55

Himbeer-Waffel-Eisbecher

1. Mehl, Backpulver, Salz und Zucker in eine Schüssel sieben. Mit Milch, Ei, Butter und Vanillearoma zu einem glatten Teig verrühren und 5 Minuten stehen lassen.
2. Ein Waffeleisen dünn einfetten und vorheizen. Etwas Teig ins Waffeleisen füllen und goldbraun backen. Den restlichen Teig ebenso verarbeiten. Die Waffeln in Dreiecke teilen.
3. Für das Himbeerpüree die Hälfte der Himbeeren mit Zitronensaft und Puderzucker im Mixer glatt pürieren. Durch ein Haarsieb streichen, um die Kernchen zu entfernen.
4. Eiskugeln in große Dessertgläser füllen. Die Hälfte der ganzen Himbeeren darauf verteilen. Jede Portion mit drei bis vier Waffeldreiecken und einem Löffel steif geschlagener Sahne anrichten. Mit den restlichen ganzen Himbeeren garnieren.
5. Mit Himbeerpüree überziehen und sofort servieren.

Für 4–6 Personen

- 150 g Weizenmehl
- 1½ TL Backpulver
- 1 Prise Salz
- 1 EL Zucker
- 250 ml Milch
- 1 Ei (Größe L)
- 2 EL zerlassene Butter
- 5 Tropfen Vanillearoma
- Sonnenblumenöl, zum Einfetten
- Vanille-Himbeer-Eis und Schlagsahne, zum Servieren

Himbeerpüree

- 400 g Himbeeren
- 1 EL Zitronensaft
- 1 EL Puderzucker

56

Gorgonzola-Pfannkuchen mit Basilikum

1. Mehl, Backpulver und Salz in eine Schüssel sieben. Mit Milch, Ei, Eigelb, Käse und Butter zu einem glatten Teig verrühren und 5 Minuten stehen lassen.

2. Für die Basilikumbutter alle Zutaten in einem Mixer glatt pürieren.

3. Eine Pfanne dünn einfetten und bei mittlerer Temperatur erhitzen. Esslöffelgroße Teigportionen in die Pfanne setzen und braten, bis sich an der Oberfläche Blasen zeigen.

4. Mit einem Palettmesser wenden und die andere Seite goldbraun braten. Den restlichen Teig ebenso verarbeiten. Die fertigen Pfannkuchen so lange warm halten.

5. Die Pfannkuchen mit etwas Basilikumbutter garnieren und sofort servieren.

Für 4 Personen

- 150 g Weizenmehl
- 1½ TL Backpulver
- 1 Prise Salz
- 250 ml Milch
- 1 Ei (Größe L)
- 2 Eigelb
- 100 g Blauschimmelkäse, zerdrückt
- 2 EL zerlassene Butter
- Sonnenblumenöl, zum Einfetten

Basilikumbutter

- 1 große Handvoll frisches Basilikum
- 140 g weiche Butter
- Saft von ½ Zitrone
- 1 Knoblauchzehe, zerdrückt

57

Bierteigwaffeln mit Schinken & Käse

1. Mehl, Backpulver, Salz und Senfpulver in eine Schüssel sieben. Mit Bier, Ei und Öl zu einem glatten Teig verrühren und 5 Minuten stehen lassen.

2. Ein Waffeleisen dünn einfetten und vorheizen. Etwas Teig ins Waffeleisen füllen und goldbraun backen. Den restlichen Teig ebenso verarbeiten. Die fertigen Waffeln so lange warm halten.

3. Den Backofengrill vorheizen. Die Waffeln nebeneinander auf ein Backblech legen. Mit dem Schinken belegen und mit dem Käse bestreuen. Kurz überbacken, bis der Käse schmilzt. Sofort servieren.

Für 4 Personen

- 150 g Weizenmehl
- 1½ TL Backpulver
- 1 Prise Salz
- 2 TL Senfpulver
- 250 ml helles Bier
- 1 Ei (Größe L)
- 2 EL Sonnenblumenöl, plus etwas zum Einfetten

Belag

8 dünne Scheiben Katenschinken

140 g Gruyère oder Emmentaler, grob gerieben

58

Pfannkuchen mit Garnelen & Knoblauchbutter

1. Mehl, Backpulver und Salz in eine Schüssel sieben. Mit Milch, Ei und Butter zu einem glatten Teig verrühren und 5 Minuten stehen lassen.

2. Eine Pfanne dünn einfetten und bei mittlerer Temperatur erhitzen. Esslöffelgroße Teigportionen in die Pfanne setzen und braten, bis sich an der Oberfläche Blasen zeigen.

3. Mit einem Palettmesser wenden und die andere Seite goldbraun braten. Den restlichen Teig ebenso verarbeiten. Die fertigen Pfannkuchen so lange warm halten.

4. Für den Belag die Butter in einem mittlerem Topf zerlassen. Knoblauch und Garnelen darin unter ständigem Rühren 2–3 Minuten anbraten, bis die Garnelen rosa sind. Zitronensaft und Petersilie zufügen, mit Salz und Pfeffer würzen.

5. Die Pfannkuchen mit Garnelen und Knoblauchbutter anrichten und sofort servieren.

Für 4 Personen

- 150 g Weizenmehl
- 1½ TL Backpulver
- 1 Prise Salz
- 250 ml Milch
- 1 Ei (Größe L)
- 2 EL zerlassene Butter

Sonnenblumenöl, zum Einfetten

Garnelen mit Knoblauchbutter

100 g Butter

2 Knoblauchzehen, zerdrückt

400 g ausgelöste rohe Riesengarnelen

1 EL Zitronensaft

2 EL gehackte Petersilie

Salz und Pfeffer

59

Gebratenes Waffel-Sandwich

1. Mehl, Backpulver und Salz in eine Schüssel sieben. Mit Milch, Ei und Butter zu einem glatten Teig verrühren und 5 Minuten stehen lassen.
2. Ein Waffeleisen dünn einfetten und vorheizen. Etwas Teig ins Waffeleisen füllen und goldbraun backen. Den restlichen Teig ebenso verarbeiten. Die fertigen Waffeln so lange warm halten.
3. Den Mozzarella in Scheiben schneiden und die Hälfte der Waffeln damit belegen. Das Basilikum darauf verteilen. Mit Salz und Pfeffer würzen. Mit einer weiteren Waffel bedecken.
4. Etwas Öl bei hoher Temperatur in einer Pfanne erhitzen. Die Waffel-Sandwiches kurz in dem verquirlten Ei wenden, dann vorsichtig ins heiße Fett legen und von jeder Seite 30 Sekunden goldbraun und knusprig braten.
5. Auf Küchenpapier abtropfen lassen und sofort servieren.

Für 4 Personen

- 150 g Weizenmehl
- 1½ TL Backpulver
- 1 Prise Salz
- 250 ml Milch
- 1 Ei (Größe L)
- 2 EL zerlassene Butter

Olivenöl, zum Einfetten und Braten

Zum Servieren

200 g Mozzarella

25 g frisches Basilikum

Salz und Pfeffer

2 Eier, verquirlt

60

Räucherlachs-Mascarpone-Röllchen

Für 4–6 Personen

- 150 g Weizenmehl
- 1 Prise Salz
- 250 ml Milch
- 100 ml Wasser
- 1 Ei (Größe L)
- 2 EL zerlassene Butter
- 2 EL frisch gehackter Dill
- Sonnenblumenöl, zum Einfetten

Füllung

- 250 g Mascarpone
- 1–2 EL Milch
- 250 g Räucherlachs, in dünnen Scheiben
- Pfeffer
- Dillspitzen, zum Garnieren

1. Mehl und Salz in eine Schüssel sieben. Mit Milch, Wasser, Ei und Butter zu einem glatten, schaumigen Teig verrühren. Den Dill einarbeiten und 15 Minuten stehen lassen.
2. Eine Pfanne (Ø 20 cm) dünn einfetten und bei mittlerer Temperatur erhitzen. So viel Teig durch Schwenken darin verteilen, dass der Boden dünn bedeckt ist. Die Unterseite goldbraun braten, dann mit einem Palettmesser wenden und die andere Seite goldbraun braten.
3. Den restlichen Teig ebenso verarbeiten. Die fertigen Crêpes mit Küchenpapier dazwischen stapeln.
4. Den Mascarpone mit etwas Milch glatt rühren und auf die Crêpes streichen. Den Räucherlachs darauflegen. Mit Pfeffer würzen.
5. Die Crêpes fest aufrollen, in Scheiben schneiden, mit Dill garnieren und kalt servieren.

Gesundes

61

Pfannkuchen mit Hüttenkäse

1. Beide Mehlsorten, Backpulver, Salz und Zucker in eine Schüssel sieben. Die Kleie aus dem Sieb ebenfalls in die Schüssel geben. Mit Hüttenkäse, Milch, Ei und Öl zu einem relativ dicken Teig verrühren und 5 Minuten stehen lassen.

2. Eine Pfanne dünn einfetten und bei mittlerer Temperatur erhitzen. Esslöffelgroße Teigportionen in die Pfanne setzen und braten, bis sich an der Oberfläche Blasen zeigen.

3. Mit einem Palettmesser wenden und die andere Seite goldbraun braten. Den restlichen Teig ebenso verarbeiten. Die fertigen Pfannkuchen so lange warm halten.

4. Die Pfannkuchen mit Honig beträufeln und sofort servieren.

Für 4 Personen

- 75 g Weizenmehl
- 75 g Weizenvollkornmehl
- 1½ TL Backpulver
- 1 Prise Salz
- 1 EL Muscovado-Zucker
- 250 g fettarmer Hüttenkäse
- 100 ml Magermilch
- 1 Ei (Größe L)
- 2 EL Sonnenblumenöl, plus etwas zum Einfetten
- flüssiger Honig, zum Servieren

62

Weizen- & milchfreie Pfannkuchen

1. Mehl, Backpulver und Salz in eine Schüssel sieben. Mit Sojamilch, Ei, Öl und Orangenschale zu einem glatten Teig verrühren und 5 Minuten stehen lassen.
2. Für die Garnierung die Orangen großzügig schälen und filetieren. Dabei den Saft auffangen und dann mit dem Ahornsirup verrühren.
3. Eine Pfanne dünn einfetten und bei mittlerer Temperatur erhitzen. Esslöffelgroße Teigportionen in die Pfanne setzen und braten, bis sich an der Oberfläche Blasen zeigen.
4. Mit einem Palettmesser wenden und die andere Seite goldbraun braten. Den restlichen Teig ebenso verarbeiten. Die fertigen Pfannkuchen so lange warm halten.
5. Die Pfannkuchen warm mit den Orangenfilets und der Saft-Sirup-Mischung servieren.

Für 4 Personen

- 150 g feines Dinkelmehl
- 1½ TL Backpulver
- 1 Prise Salz
- 250 ml gesüßte Sojamilch
- 1 Ei (Größe L)
- 2 EL Sonnenblumenöl, plus etwas zum Einfetten

fein abgeriebene Schale von 1 Orange

Zum Garnieren

2 große Orangen

3 EL Ahornsirup

63

Joghurtwaffeln mit Aprikosenkompott

1. Für das Kompott die Aprikosen mit Apfelsaft und Honig in einen Topf geben. Unter ständigem Rühren zum Kochen bringen, dann die Temperatur reduzieren und 10–15 Minuten köcheln lassen, bis die Früchte weich sind.

2. Inzwischen beide Mehlsorten, Backpulver und Salz in eine Schüssel sieben. Die Kleie aus dem Sieb ebenfalls in die Schüssel geben. Mit Joghurt, Ei und Öl zu einem glatten Teig verrühren und 5 Minuten stehen lassen.

3. Ein Waffeleisen dünn einfetten und vorheizen. Etwas Teig ins Waffeleisen füllen und goldbraun backen. Den restlichen Teig ebenso verarbeiten. Die fertigen Waffeln so lange warm halten.

4. Die Waffeln mit dem Aprikosenkompott anrichten und sofort servieren.

Für 4 Personen

- 75 g Weizenmehl
- 75 g Weizenvollkornmehl
- 1½ TL Backpulver
- 1 Prise Salz
- 250 ml fettarmer Naturjoghurt
- 1 Ei (Größe L)
- 2 EL Sonnenblumenöl, plus etwas zum Einfetten

Kompott

400 g frische Aprikosen, halbiert und entsteint

4 EL Apfelsaft

1 EL Honig

64

Crêpes mit Mohn & Zitrone

1. Mehl und Salz in eine Schüssel sieben. Mit Milch, Wasser, Ei und Öl zu einem glatten Teig verrühren. Mohn und Zitronenschale einrühren und 15 Minuten stehen lassen.

2. Eine Pfanne (Ø 20 cm) dünn einfetten und bei mittlerer Temperatur erhitzen. So viel Teig durch Schwenken darin verteilen, dass der Boden dünn bedeckt ist. Die Unterseite goldbraun braten, dann mit einem Palettmesser wenden und die andere Seite goldbraun braten.

3. Den restlichen Teig ebenso verarbeiten. Die fertigen Crêpes mit Küchenpapier dazwischen stapeln und warm halten.

4. Die Crêpes aufrollen oder falten. Mit Honig und Zitronensaft beträufeln. Mit dem restlichen Mohn bestreuen und sofort servieren.

Für 4 Personen

- 150 g Weizenmehl
- 1 Prise Salz
- 250 ml Magermilch
- 100 ml Wasser
- 1 Ei (Größe L)
- 2 EL Sonnenblumenöl, plus etwas zum Braten
- 1 EL Mohnsamen, plus etwas zum Servieren
- fein abgeriebene Schale und Saft von 2 Zitronen
- flüssiger Honig, zum Servieren

65

Buttermilchwaffeln mit Haferflocken & Rosinen

Für 4 Personen

- 150 g Weizenmehl
- 1½ TL Backpulver
- 1 Prise Salz
- 1 EL Muscovado-Zucker
- 250 ml Buttermilch
- 1 Ei (Größe L)
- 2 EL Sonnenblumenöl, plus etwas zum Einfetten
- 2 EL Wasser
- 50 g zarte Haferflocken
- 70 g Rosinen
- Ahornsirup oder Fruchtkompott, zum Servieren

1. Mehl, Backpulver, Salz und Zucker in eine Schüssel sieben. Mit Buttermilch, Ei, Öl und Wasser zu einem glatten Teig verrühren. Haferflocken und Rosinen einrühren und 5 Minuten stehen lassen.

2. Ein Waffeleisen dünn einfetten und vorheizen. Etwas Teig ins Waffeleisen füllen und goldbraun backen. Den restlichen Teig ebenso verarbeiten. Die fertigen Waffeln so lange warm halten.

3. Sofort mit Ahornsirup beträufelt oder mit Kompott servieren.

66

Vanillewaffeln mit Früchte-Salsa

1. Für die Salsa die Kiwis schälen und in 1 cm große Würfel schneiden. Die Hälfte der Erdbeeren mit dem Zitronensaft im Mixer glatt pürieren. Die restlichen Erdbeeren in 1 cm große Würfel schneiden. Mit Erdbeerpüree und Kiwis mischen.

2. Mehl, Backpulver, Salz und Zucker in eine Schüssel sieben. Mit Milch, Eigelb, Öl und Vanillemark zu einem glatten Teig verrühren. Das Eiweiß steif schlagen und unter den Teig heben.

3. Ein Waffeleisen dünn einfetten und vorheizen. Etwas Teig ins Waffeleisen füllen und goldbraun backen. Den restlichen Teig ebenso verarbeiten. Die fertigen Waffeln so lange warm halten.

4. Die Waffeln mit der Salsa anrichten und warm servieren.

Für 4 Personen

- 150 g Weizenmehl
- 1½ TL Backpulver
- 1 Prise Salz
- 1 EL Puderzucker
- 250 ml Magermilch
- 1 Ei (Größe L), getrennt
- 2 EL Sonnenblumenöl, plus etwas zum Einfetten
- Mark von 1 Vanillestange

Salsa

- 2 Kiwis
- 250 g Erdbeeren
- 1 EL Zitronensaft

67

Cranberry-Crêpes mit Pfirsichfüllung

1. Mehl und Salz in eine Schüssel sieben. Mit Milch, Cranberry-Saft, Ei und Öl zu einem glatten, schaumigen Teig verrühren und 15 Minuten stehen lassen.

2. Inzwischen für die Füllung die Pfirsiche halbieren, entsteinen und in kleinere Stücke schneiden. Mit dem Cranberry-Saft in einen mittleren Topf geben und bei mittlerer Temperatur kurz aufkochen. Vom Herd nehmen und warm halten.

3. Eine Pfanne (Ø 20 cm) dünn einfetten und bei mittlerer Temperatur erhitzen. So viel Teig durch Schwenken darin verteilen, dass der Boden dünn bedeckt ist. Die Unterseite goldbraun braten, dann mit einem Palettmesser wenden und die andere Seite goldbraun braten.

4. Den restlichen Teig ebenso verarbeiten. Die fertigen Crêpes mit Küchenpapier dazwischen stapeln und warm halten.

5. Die Pfirsiche mit einem Löffel Joghurt auf die Crêpes geben. Die Crêpes zweimal falten, mit dem Pfirsichsaft beträufeln und sofort servieren.

Für 4 Personen

- 150 g Weizenmehl
- 1 Prise Salz
- 250 ml fettarme Milch
- 100 ml Cranberry-Saft
- 1 Ei (Größe L)
- 2 EL Sonnenblumenöl, plus etwas zum Einfetten

Füllung

- 4 reife Pfirsiche oder Nektarinen
- 3 EL Cranberry-Saft
- 150 g fettarmer Naturjoghurt

68

Fettarme Apfelwaffeln

1. Mehl, Backpulver, Salz und Zucker in eine Schüssel sieben. Mit Milch, Öl und 1 Eiweiß zu einem glatten Teig verrühren. Geraspelte Äpfel und Orangenschale unterrühren. Das zweite Eiweiß steif schlagen und unter den Teig heben.

2. Ein Waffeleisen sorgfältig einfetten und vorheizen. Etwas Teig ins Waffeleisen füllen und goldbraun backen. Den restlichen Teig ebenso verarbeiten. Die fertigen Waffeln so lange warm halten.

3. Inzwischen die Äpfel entkernen, in Scheiben schneiden und mit dem Orangensaft beträufeln. Die Waffeln mit den Apfelscheiben anrichten und sofort servieren.

Für 4 Personen

- 150 g Weizenmehl
- 1½ TL Backpulver
- 1 Prise Salz
- 1 EL Zucker
- 250 ml Magermilch
- 1 EL Sonnenblumenöl, plus etwas zum Einfetten
- 2 Eiweiß (Eier Größe L)
- 2 kleine, knackige Äpfel, entkernt und geraspelt
- fein abgeriebene Schale von 1 kleinen Orange

Zum Servieren

2 rote Tafeläpfel

etwas Orangensaft

69

Mehrkorn-Pfannkuchen

1. Beide Mehlsorten, Backpulver und Salz in eine Schüssel sieben. Die Kleie aus dem Sieb ebenfalls in die Schüssel geben. Mit Buttermilch, Ei, Öl und Honig zu einem glatten Teig verrühren. Haferflocken und Saaten einrühren und 5 Minuten stehen lassen.

2. Eine Pfanne dünn einfetten und bei mittlerer Temperatur erhitzen. Esslöffelgroße Teigportionen in die Pfanne setzen und braten, bis sich an der Oberfläche Blasen zeigen.

3. Mit einem Palettmesser wenden und die andere Seite goldbraun braten. Den restlichen Teig ebenso verarbeiten. Die fertigen Pfannkuchen so lange warm halten.

4. Die Pfannkuchen mit Agavendicksaft beträufeln, mit Kürbiskernen bestreuen und sofort servieren.

Für 4 Personen

- 75 g Weizenmehl
- 75 g Weizenvollkornmehl
- 1½ TL Backpulver
- 1 Prise Salz
- 250 ml Buttermilch
- 1 Ei (Größe L)
- 2 EL Sonnenblumenöl, plus etwas zum Einfetten
- 1 EL flüssiger Honig
- 40 g zarte Haferflocken
- 2 EL Sonnenblumenkerne
- 2 EL Kürbiskerne, plus einige zum Garnieren
- 1 EL Sesam
- Agavendicksaft oder Ahornsirup, zum Servieren

70

Rote-Bete-Waffeln

1. Mehl, Backpulver und Salz in eine Schüssel sieben. Mit Milch, Ei und Öl zu einem glatten Teig verrühren. Rote Bete, Thymian und Meerrettich unterrühren und 5 Minuten stehen lassen.

2. Ein Waffeleisen dünn einfetten und vorheizen. Etwas Teig ins Waffeleisen füllen und goldbraun backen. Den restlichen Teig ebenso verarbeiten. Die fertigen Waffeln so lange warm halten.

3. Sofort mit einem Löffel Joghurt servieren.

Für 4 Personen

- 150 g Weizenmehl
- 1½ TL Backpulver
- 1 Prise Salz
- 250 ml fettarme Milch
- 1 Ei (Größe L)
- 2 EL Sonnenblumenöl, plus etwas zum Einfetten

200 g frische Rote Bete, geraspelt

1 TL getrockneter Thymian

1 EL Sahnemeerrettich

Naturjoghurt oder Frischkäse, zum Servieren

Crêpe-Taschen mit Thunfisch

1. Beide Mehlsorten und Salz in eine Schüssel sieben. Die Kleie aus dem Sieb ebenfalls in die Schüssel geben. Mit Milch, Wasser, Ei, Öl und Spinat zu einem glatten, schaumigen Teig verrühren und 15 Minuten stehen lassen.

2. Eine Pfanne (Ø 20 cm) dünn einfetten und bei mittlerer Temperatur erhitzen. So viel Teig durch Schwenken darin verteilen, dass der Boden dünn bedeckt ist. Die Unterseite goldbraun braten, dann mit einem Palettmesser wenden und die andere Seite goldbraun braten.

3. Aus dem Teig insgesamt acht Crêpes braten. Die fertigen Crêpes mit Küchenpapier dazwischen stapeln und warm halten. Den Backofen auf 220 °C vorheizen.

4. Für die Füllung Olivenpaste, Mehl und Milch in einem Topf bei mittlerer Temperatur unter ständigem Rühren mit einem Schneebesen zum Kochen bringen, dann weitere 2 Minuten unter Rühren köcheln lassen, bis die Sauce glatt ist und eindickt.

5. Thunfisch, Mais und Zwiebel untermischen. Mit Salz und Pfeffer würzen. Die Füllung in die Mitte der Crêpes geben und zu Päckchen falten.

6. Die Päckchen mit der Naht nach unten in eine Auflaufform setzen. Mit etwas Öl bestreichen und im vorgeheizten Ofen etwa 10 Minuten erhitzen. Sofort servieren.

Für 8 Personen

- 75 g Weizenmehl
- 75 g Weizenvollkornmehl
- 1 Prise Salz
- 250 ml Magermilch
- 4 EL Wasser
- 1 Ei (Größe L)
- 2 EL Olivenöl, plus etwas zum Bestreichen und Einfetten
- 70 g gegarter Spinat, fein gehackt

Füllung

- 25 g Olivenpaste
- 25 g Weizenmehl
- 250 ml Magermilch
- 375 g Thunfisch aus der Dose, abgetropft und zerpflückt
- 340 g Gemüsemais aus der Dose, abgetropft
- 1 kleine rote Zwiebel, sehr fein gehackt
- Salz und Pfeffer

72

Gestapelte Tomatenpfannkuchen

1. Beide Mehlsorten, Backpulver und Salz in eine Schüssel sieben. Die Kleie aus dem Sieb ebenfalls in die Schüssel geben. Mit Tomatensaft, Tomatenmark, Ei, Öl und Pfeffer zu einem glatten Teig verrühren und 5 Minuten stehen lassen.

2. Eine Pfanne dünn einfetten und bei mittlerer Temperatur erhitzen. Esslöffelgroße Teigportionen in die Pfanne setzen und braten, bis sich an der Oberfläche Blasen zeigen.

3. Mit einem Palettmesser wenden und die andere Seite goldbraun braten. Den restlichen Teig ebenso verarbeiten. Die fertigen Pfannkuchen so lange warm halten.

4. Die Tomaten in Scheiben schneiden und mit Pfannkuchen und Basilikumblättern aufschichten. Auf jede Portion einen Löffel Joghurt setzen. Mit Paprika bestäuben und sofort servieren.

Für 4 Personen

* 75 g Weizenmehl
* 75 g Weizenvollkornmehl
* 1½ TL Backpulver
* 1 Prise Salz
* 250 ml Tomatensaft

1 EL Tomatenmark
* 1 Ei (Größe L)
* 2 EL Olivenöl

½ TL gemahlener Pfeffer
Sonnenblumenöl, zum Einfetten

Füllung
3 Fleischtomaten
12–16 frische Basilikumblätter
150 g fettarmer Naturjoghurt
Paprikapulver, zum Bestäuben

73

Waffeln mit Tofugemüse

1. Beide Mehlsorten, Backpulver und Salz in eine Schüssel sieben. Die Kleie aus dem Sieb ebenfalls in die Schüssel geben. Mit Milch, Ei und Öl zu einem glatten Teig verrühren. Den Koriander einrühren und den Teig 5 Minuten stehen lassen.

2. Ein Waffeleisen dünn einfetten und vorheizen. Etwas Teig ins Waffeleisen füllen und goldbraun backen. Den restlichen Teig ebenso verarbeiten. Die fertigen Waffeln so lange warm halten.

3. Für den Belag Erdnussöl und Sesamöl bei hoher Temperatur in einem Wok erhitzen. Den Tofu zugeben und unter ständigem Rühren goldbraun braten. Aus dem Wok nehmen und warm halten. Zwiebel, Ingwer, Knoblauch und Brokkoli im Wok 3–4 Minuten unter ständigem Rühren braten. Tamari oder Sojasauce zugeben und den Tofu wieder untermischen.

4. Die Waffeln mit dem Tofugemüse anrichten und sofort servieren. Tamari zum Nachwürzen dazu reichen.

Für 4 Personen

- 75 g Weizenmehl
- 75 g Weizenvollkornmehl
- 1½ TL Backpulver
- 1 Prise Salz
- 250 ml Sojamilch
- 1 Ei (Größe L)
- 2 EL Erdnussöl, plus etwas zum Einfetten

3 EL frisch gehackter Koriander

Belag

2 EL Erdnussöl

1 EL Sesamöl

350 g fester Tofu, in 1 cm großen Würfeln

1 Zwiebel, in dünnen Ringen

1 EL fein gehackter frischer Ingwer

1 Knoblauchzehe, in dünnen Scheiben

250 g Brokkoli, in kleinen Röschen

1 EL Tamari oder Sojasauce, plus etwas zum Servieren

74

Wildreis-Pfannkuchen mit Guacamole

1. Mehl, Backpulver und Salz in eine Schüssel sieben. Mit Milch, Ei und Öl zu einem glatten Teig verrühren. Den Reis untermischen und 5 Minuten stehen lassen.

2. Für die Guacamole die Avocados halbieren und entsteinen. Das Fleisch aus den Schalen schaben und mit einer Gabel zerdrücken. Limettensaft, Knoblauch, Tomaten und Chili zufügen. Mit Salz und Pfeffer abschmecken.

3. Eine Grill- oder Bratpfanne dünn einfetten und bei mittlerer Temperatur erhitzen. Esslöffelgroße Teigportionen in die Pfanne setzen und braten, bis sich an der Oberfläche Blasen zeigen.

4. Mit einem Palettmesser wenden und die andere Seite goldbraun braten. Den restlichen Teig ebenso verarbeiten. Die fertigen Pfannkuchen so lange warm halten.

5. Sofort mit der Guacamole servieren.

Für 4 Personen

- 150 g Weizenmehl
- 1½ TL Backpulver
- 1 Prise Salz
- 250 ml Magermilch
- 1 Ei (Größe L)
- 2 EL Sonnenblumenöl, plus etwas zum Einfetten

140 g gegarter Wildreis

Guacamole

2 reife Avocados

2 EL Limettensaft

1 Knoblauchzehe, zerdrückt

2 Tomaten, klein gewürfelt

1 kleine rote Chili, fein gehackt

Salz und Pfeffer

75

Buchweizen-Crêpes

1. Mehl und Salz in eine Schüssel sieben. Mit Milch, Wasser, Ei und Öl zu einem glatten, schaumigen Teig verrühren und 15 Minuten stehen lassen.

2. Eine Pfanne (Ø 20 cm) dünn einfetten und bei mittlerer Temperatur erhitzen. So viel Teig durch Schwenken darin verteilen, dass der Boden dünn bedeckt ist. Die Unterseite goldbraun braten, dann mit einem Palettmesser wenden und die andere Seite goldbraun braten. Den restlichen Teig ebenso verarbeiten. Die fertigen Crêpes mit Küchenpapier dazwischen stapeln und warm halten.

3. Für die Füllung das Öl bei mittlerer Temperatur in einer Pfanne erhitzen. Die Schalotten darin unter häufigem Rühren weich dünsten. Die Cashewkerne zufügen und unter ständigem Rühren goldbraun braten. Vom Herd nehmen und die Petersilie untermischen. Mit Salz und Pfeffer abschmecken.

4. Die Crêpes aufrollen oder falten, die Cashewmischung darauf anrichten und sofort servieren.

Für 4 Personen

- 150 g Buchweizenmehl
- 1 Prise Salz
- 250 ml fettarme Milch

100 ml Wasser

- 1 Ei (Größe L)
- 2 EL Olivenöl

Sonnenblumenöl, zum Einfetten

Füllung

2 EL Olivenöl

2 Schalotten, fein gehackt

175 g ungesalzene Cashewkerne

2 EL gehackte Petersilie

Salz und Pfeffer

76

Pikante Crêpes mit Wassermelone & Feta

1. Mehl, Salz und Gewürze in eine Schüssel sieben. Mit Milch, Wasser, Ei und Butter zu einem glatten, schaumigen Teig verrühren und 15 Minuten stehen lassen.
2. Eine Pfanne (Ø 20 cm) dünn einfetten und bei mittlerer Temperatur erhitzen. So viel Teig durch Schwenken darin verteilen, dass der Boden dünn bedeckt ist. Die Unterseite goldbraun braten, dann mit einem Palettmesser wenden und die andere Seite goldbraun braten.
3. Den restlichen Teig ebenso verarbeiten. Die fertigen Crêpes mit Küchenpapier dazwischen stapeln und warm halten.
4. Brunnenkresse, Wassermelone und Käse auf den Crêpes anrichten. Die Crêpes zusammenklappen und sofort servieren.

Für 4 Personen

- 150 g Kichererbsenmehl
- 1 Prise Salz
- ½ TL Kurkuma
- ½ TL Chilipulver
- 250 ml Magermilch
- 100 ml Wasser
- 1 Ei (Größe L)
- 2 EL zerlassene Butter
- Sonnenblumenöl, zum Einfetten

Füllung

- 1 Bund Brunnenkresse
- ½ kleine Wassermelone, längs geviertelt, geschält und in Scheiben geschnitten
- 200 g Fetakäse, zerkrümelt
- frisch gehackte Minze, zum Bestreuen

77

Waffeln mit getrockneten Tomaten & Oliven

1. Mehl, Backpulver und Salz in eine Schüssel sieben. Mit Milch, Ei und Öl zu einem glatten Teig verrühren. Tomaten und Oliven untermischen und 5 Minuten stehen lassen.

2. Ein Waffeleisen dünn einfetten und vorheizen. Etwas Teig ins Waffeleisen füllen und goldbraun backen. Den restlichen Teig ebenso verarbeiten. Die fertigen Waffeln so lange warm halten.

3. Mit etwas Balsamico-Creme beträufeln und sofort servieren.

Für 4 Personen

- 150 g Weizenmehl
- 1½ TL Backpulver
- 1 Prise Salz
- 250 ml fettarme Milch
- 1 Ei (Größe L)
- 2 EL Olivenöl

80 g getrocknete Tomaten in Öl, abgetropft und fein gehackt

12 schwarze Oliven ohne Stein, fein gehackt

Sonnenblumenöl, zum Einfetten

Balsamico-Creme, zum Servieren

78

Crêpes mit Chilibohnen

1. Beide Mehlsorten und Salz in eine Schüssel sieben. Die Kleie aus dem Sieb ebenfalls in die Schüssel geben. Mit Milch, Tomatensaft, Ei und Öl zu einem glatten, schaumigen Teig verrühren. Die Petersilie untermischen und 15 Minuten stehen lassen.

2. Für die Füllung rote und weiße Bohnen in einem großen Topf bei mittlerer Temperatur erhitzen. Chiliflocken, Knoblauch und Tomaten zufügen. Langsam zum Kochen bringen, dann die Hitze reduzieren, mit Salz und Pfeffer abschmecken und warm halten.

3. Eine Pfanne (Ø 20 cm) dünn einfetten und bei mittlerer Temperatur erhitzen. So viel Teig durch Schwenken darin verteilen, dass der Boden dünn bedeckt ist. Die Unterseite goldbraun braten, dann mit einem Palettmesser wenden und die andere Seite goldbraun braten. Den restlichen Teig ebenso verarbeiten. Die fertigen Crêpes mit Küchenpapier dazwischen stapeln und warm halten.

4. Die Bohnenmischung auf den Crêpes verteilen. Die Crêpes aufrollen oder zusammenklappen und sofort servieren.

Für 4 Personen

- 75 g Weizenmehl
- 75 g Weizenvollkornmehl
- 1 Prise Salz
- 250 ml fettarme Milch
- 100 ml Tomatensaft (von den Tomaten für die Füllung, eventuell mit Wasser gestreckt)
- 1 Ei (Größe L)
- 2 EL Olivenöl
- 2 EL frisch gehackte Petersilie
- Sonnenblumenöl, zum Einfetten

Füllung

- 400 g rote Kidneybohnen aus der Dose, abgetropft
- 400 g weiße Bohnen aus der Dose, abgetropft
- ½ TL zerstoßene Chiliflocken
- 1 Knoblauchzehe, zerdrückt
- 400 g gehackte Tomaten aus der Dose (Saft für den Teig auffangen)
- Salz und Pfeffer

79

Waffelsandwich mit Hummus

1. Für die Salsa Tomaten, Chili, Zwiebel, Koriander, Zitronensaft und Öl mischen. Mit Salz und Pfeffer würzen und etwa 30 Minuten ziehen lassen.
2. Beide Mehlsorten, Backpulver und Salz in eine Schüssel sieben. Die Kleie aus dem Sieb ebenfalls in die Schüssel geben. Mit Milch, Ei und Öl zu einem glatten Teig verrühren und 5 Minuten stehen lassen.
3. Ein Waffeleisen dünn einfetten und vorheizen. Etwas Teig ins Waffeleisen füllen und goldbraun backen. Den restlichen Teig ebenso verarbeiten. Die fertigen Waffeln so lange warm halten.
4. Die Waffeln mit Hummus bestreichen und je zwei mit einigen Rucolablättern und einem Löffel Salsa zusammensetzen.
5. Sofort mit der restlichen Salsa servieren.

Für 4 Personen

- 75 g Weizenmehl
- 75 g Weizenvollkornmehl
- 1½ TL Backpulver
- 1 Prise Salz
- 250 ml fettarme Milch
- 1 Ei (Größe L)
- 2 EL Sonnenblumenöl, plus etwas zum Einfetten

200 g Hummus (Fertigprodukt)

1 Handvoll Rucola, zum Servieren

Salsa

3 vollreife Tomaten, klein gewürfelt

1 kleine rote Chili, fein gehackt

1 kleine rote Zwiebel, fein gewürfelt

2 EL frisch gehackter Koriander

Saft von ½ Zitrone

1 EL Olivenöl

Salz und Pfeffer

80

Zucchini-Pfannkuchen

Für 4 Personen

- 75 g Weizenmehl
- 75 g Weizenvollkornmehl
- 1½ TL Backpulver
- 1 Prise Salz
- 250 ml fettarme Milch
- 1 Ei (Größe L)
- 2 EL Sonnenblumenöl, plus etwas zum Einfetten

200 g Zucchini, geraspelt
1 TL getrockneter Oregano

Salsa

1 rote Paprika, klein gewürfelt
1 große Tomate, klein gewürfelt
Saft von ½ Limette
1 TL flüssiger Honig
2 EL natives Olivenöl extra
Salz und Pfeffer

1. Beide Mehlsorten, Backpulver und Salz in eine Schüssel sieben. Die Kleie aus dem Sieb ebenfalls in die Schüssel geben. Mit Milch, Ei und Öl zu einem glatten Teig verrühren. Zucchini und Oregano untermischen und 5 Minuten stehen lassen.
2. Für die Salsa Paprika, Tomate, Limette, Honig und Öl verrühren. Mit Salz und Pfeffer abschmecken.
3. Eine Pfanne dünn einfetten und bei mittlerer Temperatur erhitzen. Esslöffelgroße Teigportionen in die Pfanne setzen und braten, bis sich an der Oberfläche Blasen zeigen.
4. Mit einem Palettmesser wenden und die andere Seite goldbraun braten. Den restlichen Teig ebenso verarbeiten. Die fertigen Pfannkuchen so lange warm halten.
5. Sofort mit der Salsa servieren.

Für besondere Anlässe

81

Thailändische Kokos-Crêpes

1. Mehl, Zucker und Salz in eine Schüssel sieben. Mit Kokosmilch, Wasser, Ei und Öl zu einem glatten Teig verrühren. Den Teig nach Belieben mit etwas Lebensmittelfarbe hellgrün färben und 15 Minuten stehen lassen.
2. Eine Pfanne (Ø 20 cm) dünn einfetten und bei mittlerer Temperatur erhitzen. So viel Teig durch Schwenken darin verteilen, dass der Boden dünn bedeckt ist. Die Unterseite goldbraun braten, dann mit einem Palettmesser wenden und die andere Seite goldbraun braten.
3. Den restlichen Teig ebenso verarbeiten. Die fertigen Crêpes mit Küchenpapier dazwischen stapeln und warm halten.
4. Die Crêpes mit Kokosraspeln und Palmzucker bestreuen und zweimal falten. Mit Limettensaft beträufeln und sofort servieren.

Für 4 Personen

- 150 g Reismehl
- 2 EL Zucker
- 1 Prise Salz
- 250 ml Kokosmilch
- 100 ml Wasser
- 1 Ei (Größe L)
- 2 EL Sonnenblumenöl, plus etwas zum Einfetten
- einige Tropfen grüne Lebensmittelfarbe (nach Belieben)

Zum Servieren

- 100 g frisch geraspelte Kokosnuss oder getrocknete Kokosraspel
- 2 EL zerkrümelter Palmzucker
- Saft von 1 Limette

Weihnachtliche Pfannkuchen

1. Mehl, Backpulver, Salz und Gewürz in eine Schüssel sieben. Mit Milch, Ei und Butter zu einem glatten Teig verrühren. Cranberrys, Orangeat oder Zitronat und Nüsse untermischen und 5 Minuten stehen lassen.

2. Eine Pfanne dünn einfetten und bei mittlerer Temperatur erhitzen. Esslöffelgroße Teigportionen in die Pfanne geben, oval verstreichen und braten, bis sich an der Oberfläche Blasen zeigen.

3. Mit einem Palettmesser wenden und die andere Seite goldbraun braten. Den restlichen Teig ebenso verarbeiten. Die fertigen Pfannkuchen so lange warm halten.

4. Für den Sirup Zucker und Wasser in einem kleinen Topf bei mittlerer Temperatur erhitzen und rühren, bis sich der Zucker aufgelöst hat. Dann 1 Minute kräftig kochen. Rum und Vanillearoma unterrühren. Vom Herd nehmen.

5. Die Pfannkuchen mit dem Sirup beträufeln und sofort servieren.

Für 4 Personen

- 150 g Weizenmehl
- 1½ TL Backpulver
- 1 Prise Salz
- 1 TL Lebkuchengewürz
- 250 ml Milch
- 1 Ei (Größe L)
- 2 EL zerlassene Butter
- 100 g Cranberrys, gehackt
- 40 g Orangeat oder Zitronat, fein gewürfelt
- 25 g gehackte gemischte Nüsse
- Sonnenblumenöl, zum Einfetten

Sirup

- 2 EL Vollrohrzucker
- 50 ml Wasser
- 3 EL brauner Rum
- 5 Tropfen Vanillearoma

83

Erdbeerspießchen

Für 4–6 Personen

- 150 g Weizenmehl
- 1 Prise Salz
- 1 EL Zucker
- 250 ml Milch
- 100 ml Wasser
- 1 Ei (Größe L)
- 2 EL zerlassene Butter
- 5 Tropfen Vanillearoma
- Butter, zum Braten

Zum Servieren

- Vanillezucker
- frische Erdbeeren

1. Mehl, Salz und Zucker in eine Schüssel sieben. Mit Milch, Wasser, Ei, Butter und Vanillearoma zu einem glatten, schaumigen Teig verrühren und 15 Minuten stehen lassen.
2. Eine Pfanne (Ø 20 cm) dünn einfetten und bei mittlerer Temperatur erhitzen. So viel Teig durch Schwenken darin verteilen, dass der Boden dünn bedeckt ist. Die Unterseite goldbraun braten, dann mit einem Palettmesser wenden und die andere Seite goldbraun braten.
3. Den restlichen Teig ebenso verarbeiten. Die fertigen Crêpes mit Küchenpapier dazwischen stapeln und warm halten.
4. Zum Servieren die Crêpes mit Vanillezucker bestreuen und fest aufrollen. Schräg in 2,5 cm dicke Scheiben schneiden und abwechselnd mit den Erdbeeren auf zwölf kleine Holzspieße stecken. Auf einer Platte anrichten und sofort servieren.

84

Crêpes Suzette

1. Mehl und Salz in eine Schüssel sieben. Mit Milch, Wasser, Ei und Butter zu einem glatten, schaumigen Teig verrühren und 15 Minuten stehen lassen.

2. ½ Teelöffel Butter in einer Pfanne (Ø 20 cm) zerlassen. So viel Teig durch Schwenken darin verteilen, dass der Boden dünn bedeckt ist. Die Unterseite goldbraun braten, dann mit einem Palettmesser wenden und die andere Seite goldbraun braten.

3. Den restlichen Teig ebenso verarbeiten. Die fertigen Crêpes mit Küchenpapier dazwischen stapeln und warm halten.

4. Für die Sauce Butter und Zucker in einer großen Pfanne bei mittlerer Temperatur unter Rühren erhitzen, bis sich der Zucker aufgelöst hat. Orangensaft und -schale und 2 Esslöffel Likör einrühren und zum Kochen bringen.

5. Die Crêpes zweimal falten, in die Pfanne legen und die Sauce darüberlöffeln, bis sie wieder heiß sind.

6. Zum Servieren den restlichen Likör in einer Kelle erhitzen, über die Crêpes träufeln und flambieren. Mit Orangenzesten bestreuen und sofort servieren.

Für 4 Personen

- 150 g Weizenmehl
- 1 Prise Salz
- 250 ml Milch
- 100 ml Wasser
- 1 Ei (Größe L)
- 2 EL zerlassene Butter
- Butter, zum Braten
- Orangenzesten, zum Garnieren

Sauce

- 100 g Butter
- 100 g Zucker
- fein abgeriebene Schale und Saft von 1 Orange
- 100 ml Orangenlikör, z. B. Grand Marnier oder Cointreau

85

Waffeln zum Valentinstag

1. Für die Sauce die Schokolade mit Sahne und Rum im Wasserbad unter ständigem Rühren schmelzen. Vom Herd nehmen und warm halten.

2. Mehl, Backpulver und Salz in eine Schüssel sieben. Mit Milch, Ei und Öl zu einem glatten Teig verrühren und 5 Minuten stehen lassen.

3. Ein Waffeleisen dünn einfetten und vorheizen. Etwas Teig ins Waffeleisen füllen und goldbraun backen. Den restlichen Teig ebenso verarbeiten. Die fertigen Waffeln so lange warm halten.

4. Mit einer herzförmigen Ausstechform (ca. 7 cm) aus der Mitte jeder Waffel ein Herz ausstechen.

5. Die Waffeln auf Desserttellern anrichten. Den Ausschnitt in der Mitte mit Himbeeren füllen. Ringsum die Schokoladensauce angießen. Mit dem ausgestochenen Herzen garnieren und sofort servieren.

Für 4 Personen

- 150 g Weizenmehl
- 1½ TL Backpulver
- 1 Prise Salz
- 250 ml Milch
- 1 Ei (Größe L)
- 2 EL Sonnenblumenöl, plus etwas zum Einfetten

200 g Himbeeren, zum Servieren

Schokoladensauce

100 g Zartbitterschokolade

4 EL Sahne

1 EL brauner Rum oder Weinbrand

86

Biskuit-Pfannkuchen

Für 6 Personen

- 150 g Weizenmehl
- 1½ TL Backpulver
- 1 Prise Salz
- 2 EL Zucker
- 250 ml Milch
- 1 Ei (Größe L), getrennt
- 2 EL zerlassene Butter
- 10 Tropfen Vanillearoma
- 2 Eiweiß (Größe L)
- Öl, zum Einfetten
- 250 g Sahne und 1 EL Puderzucker, zum Servieren

Erdbeersauce

- 250 g Erdbeeren
- 1 EL Puderzucker
- 1 EL weißer Rum

1. Für die Erdbeersauce die Erdbeeren mit Zucker und Rum im Mixer glatt pürieren. Durch ein Haarsieb streichen, um die Kernchen zu entfernen.

2. Mehl, Backpulver, Salz und Zucker in eine Schüssel sieben. Mit Milch, Eigelb, Butter und 5 Tropfen Vanillearoma zu einem glatten Teig verrühren. Das Eiweiß steif schlagen und unter den Teig heben.

3. Eine Pfanne dünn einfetten und bei mittlerer Temperatur erhitzen. Esslöffelgroße Teigportionen in die Pfanne setzen und braten, bis sie luftig aufgehen.

4. Mit einem Palettmesser wenden und die andere Seite goldbraun braten. Den restlichen Teig ebenso verarbeiten. Die fertigen Pfannkuchen so lange warm halten. (Die Pfannkuchen fallen zwar zusammen, bleiben aber sehr locker.)

5. Die Sahne mit dem Puderzucker und dem restlichen Vanillearoma steif schlagen. Mehrere Pfannkuchen aufeinandersetzen, die Sahne daraufgeben und mit Erdbeersauce beträufeln. Sofort servieren.

87

Pfannkuchentürmchen mit frischen Beeren

1. Mehl, Backpulver, Salz und Zucker in eine Schüssel sieben. Mit Milch, Ei, Butter und Minze zu einem glatten Teig verrühren und 5 Minuten stehen lassen.

2. Eine Pfanne dünn einfetten und bei mittlerer Temperatur erhitzen. Esslöffelgroße Teigportionen in die Pfanne setzen und braten, bis sich an der Oberfläche Blasen zeigen.

3. Mit einem Palettmesser wenden und die andere Seite goldbraun braten. Den restlichen Teig ebenso verarbeiten. Die fertigen Pfannkuchen so lange warm halten.

4. Zum Servieren je drei Pfannkuchen mit Joghurt und Beeren dazwischen stapeln. Mit Puderzucker bestäuben, mit Minze garnieren und sofort servieren.

Für 4 Personen

- * 150 g Weizenmehl
- * 1½ TL Backpulver
- * 1 Prise Salz
- 1 EL Zucker
- * 250 ml Milch
- * 1 Ei (Größe L)
- * 2 EL zerlassene Butter
- 2 EL frisch gehackte Minze
- Sonnenblumenöl, zum Einfetten

Zum Servieren

- 200 g griechischer Joghurt
- 350 g gemischte Beeren, z. B. Brombeeren, Himbeeren, Johannisbeeren und Blaubeeren
- Puderzucker, zum Bestäuben
- frische Minze, zum Garnieren

Würzige Kürbispfannkuchen

1. Mehl, Backpulver, Zucker, Gewürze und Salz in eine Schüssel sieben. Mit Milch, Ei und Butter zu einem glatten Teig verrühren. Das Kürbispüree unterziehen und 5 Minuten stehen lassen.

2. Eine Pfanne dünn einfetten und bei mittlerer Temperatur erhitzen. Esslöffelgroße Teigportionen in die Pfanne setzen und braten, bis sich an der Oberfläche Blasen zeigen.

3. Mit einem Palettmesser wenden und die andere Seite goldbraun braten. Den restlichen Teig ebenso verarbeiten. Die fertigen Pfannkuchen so lange warm halten.

4. Zucker und Gewürz mischen und die Pfannkuchen damit bestreuen. Mit zerlassener Butter beträufeln und sofort servieren.

Für 4 Personen

- 150 g Weizenmehl
- 1½ TL Backpulver
- 2 EL Muscovado-Zucker
- 1 TL Lebkuchengewürz
- ½ TL frisch geriebene Muskatnuss
- 1 Prise Salz
- 250 ml Milch
- 1 Ei (Größe L)
- 2 EL zerlassene Butter, plus etwas zum Servieren
- 175 g gegarter Kürbis, püriert
- Sonnenblumenöl, zum Einfetten
- 2 EL Demerara-Zucker und ½ TL Lebkuchengewürz, zum Servieren

Kokoswaffeln mit Mango

Für 4 Personen

- 150 g Weizenmehl
- 1½ TL Backpulver
- 1 Prise Salz
- 1 EL Zucker
- 250 ml Kokosmilch
- 1 Ei (Größe L)
- 2 EL zerlassene Butter
- 2 EL Kokosraspel
- Sonnenblumenöl, zum Einfetten

Belag

- 2 EL fein gewürfelte Ingwerpflaume
- 3 EL Sirup aus dem Ingwerpflaumenglas
- 40 g Butter
- 1 große Mango, in Scheiben

1. Für den Belag Ingwer, Sirup und Butter in einem breiten Topf bei niedriger Temperatur erhitzen, bis die Butter geschmolzen ist. Die Mangoscheiben kurz darin schwenken und warm halten.

2. Mehl, Backpulver, Salz und Zucker in eine Schüssel sieben. Mit Kokosmilch, Ei und Butter zu einem glatten Teig verrühren. Die Kokosraspel untermischen und 5 Minuten stehen lassen.

3. Ein Waffeleisen dünn einfetten und vorheizen. Etwas Teig ins Waffeleisen füllen und goldbraun backen. Den restlichen Teig ebenso verarbeiten. Die fertigen Waffeln so lange warm halten.

4. Die Mangoscheiben mit Ingwersirup auf den Waffeln anrichten und sofort servieren.

90

Crêpe-Körbchen mit Kirschen

Für 4 Personen

- 150 g Weizenmehl
- 1 Prise Salz
- 250 ml Milch
- 100 ml Orangensaft
- 1 Ei (Größe L)
- 2 EL zerlassene Butter
- Sonnenblumenöl, zum Einfetten
- ganze Kirschen, zum Garnieren

Füllung

250 g Ricotta
2 EL Puderzucker
5 Tropfen Vanillearoma
350 g Kirschen, entsteint

1. Mehl und Salz in eine Schüssel sieben. Mit Milch, Orangensaft, Ei und Butter zu einem glatten, schaumigen Teig verrühren und 15 Minuten stehen lassen.

2. Eine Pfanne (Ø 20 cm) dünn einfetten und bei mittlerer Temperatur erhitzen. So viel Teig durch Schwenken darin verteilen, dass der Boden dünn bedeckt ist. Die Unterseite goldbraun braten, dann mit einem Palettmesser wenden und die andere Seite goldbraun braten.

3. Den restlichen Teig ebenso verarbeiten. Die fertigen Crêpes mit Küchenpapier dazwischen stapeln und warm halten.

4. Den Backofen auf 200 °C vorheizen. Acht bis zehn kleine Metallförmchen umgekehrt auf ein Backblech stellen, mit Öl einfetten und die Pfannkuchen darüberlegen. Eventuell portionsweise arbeiten.

5. Die Crêpes im vorgeheizten Ofen etwa 10 Minuten backen, bis sie die Form halten. Vorsichtig von den Förmchen nehmen und auf Servierteller setzen. Ricotta, Zucker, Vanillearoma und Kirschen verrühren und in die Crêpe-Körbchen füllen.

6. Mit ganzen Kirschen garnieren und sofort servieren.

91

Waffeln fürs Kinderfest

1. Mehl, Backpulver, Salz und Zucker in eine Schüssel sieben. Mit Milch, Ei und Butter zu einem glatten Teig verrühren.
2. Die Hälfte des Teiges in eine zweite Schüssel füllen. Eine Portion mit grüner, die andere mit roter Lebensmittelfarbe einfärben und 5 Minuten stehen lassen.
3. Ein Waffeleisen dünn einfetten und vorheizen. Die Teige separat backen. Etwas Teig ins Waffeleisen füllen und goldbraun backen. Den restlichen Teig ebenso verarbeiten. Die fertigen Waffeln so lange warm halten.
4. Die Waffeln mit Liebesperlen garnieren und mit Honig servieren.

Für 4–8 Personen

* 150 g Weizenmehl
* 1½ TL Backpulver
* 1 Prise Salz
* 1 EL Zucker
* 250 ml Milch
* 1 Ei (Größe L)
* 2 EL zerlassene Butter
* rote und grüne Lebensmittelfarbe
* Sonnenblumenöl, zum Einfetten
* Liebesperlen, zum Garnieren
* flüssiger Honig, zum Servieren

92

Beerenpfannkuchen mit weißer Schokosauce

1. Für die Schokosauce Sahne und Schokolade in einem kleinen Topf bei niedriger Temperatur unter gelegentlichem Rühren erhitzen, bis die Schokolade geschmolzen ist. Vom Herd nehmen und das Vanillearoma einrühren. Die Sauce warm halten.

2. Mehl, Backpulver, Salz und Zucker in eine Schüssel sieben. Mit Milch, Ei und Öl zu einem glatten Teig verrühren. Blaubeeren und Cranberrys untermischen und 5 Minuten stehen lassen.

3. Eine Pfanne dünn einfetten und bei mittlerer Temperatur erhitzen. Esslöffelgroße Teigportionen in die Pfanne setzen und braten, bis sich an der Oberfläche Blasen zeigen.

4. Mit einem Palettmesser wenden und die andere Seite goldbraun braten. Den restlichen Teig ebenso verarbeiten. Die fertigen Pfannkuchen so lange warm halten.

5. Die Pfannkuchen mit der Schokosauce beträufeln. Die restlichen Beeren darauf verteilen und sofort servieren.

Für 4 Personen

- 150 g Weizenmehl
- 1½ TL Backpulver
- 1 Prise Salz
- 1 EL Zucker
- 250 ml Milch
- 1 Ei (Größe L)
- 2 EL Sonnenblumenöl, plus etwas zum Einfetten
- 125 g frische Blaubeeren, plus einige zum Servieren
- 70 g getrocknete Cranberrys, plus einige zum Servieren

Weiße Schokosauce

- 150 g Sahne
- 150 g weiße Schokolade
- 5 Tropfen Vanillearoma

93

Crêpe-Spitzen mit kandierten Rosenblütenblättern

1. Die Blütenblätter mit einem kleinen Pinsel mit dem Eiweiß bestreichen, mit dem Zucker bestreuen und auf einem Stück Backpapier trocknen lassen.
2. Mehl, Salz und Zucker in eine Schüssel sieben. Mit Milch, Wasser, Ei, Butter und Rosenwasser zu einem glatten, schaumigen Teig verrühren. In eine Plastikspritzflasche füllen und 15 Minuten stehen lassen.
3. Eine Pfanne (Ø 20 cm) dünn einfetten und bei mittlerer Temperatur erhitzen. Wenig Teig dünn in die Pfanne spritzen, sodass der Pfannenboden nicht vollständig bedeckt ist. Garen, bis der Teig gerade fest ist, dann mit einem Palettmesser vorsichtig wenden und die andere Seite goldbraun braten.
4. Den restlichen Teig ebenso verarbeiten. Die fertigen Crêpes mit Küchenpapier dazwischen stapeln und warm halten.
5. Die Crêpes locker fächerförmig falten und auf Serviertellern anrichten. Mit den Rosenblütenblättern garnieren und warm servieren.

Für 6 Personen

* 150 g Weizenmehl
* 1 Prise Salz
1 EL Zucker
* 250 ml Milch
100 ml Wasser
* 1 Ei (Größe L)
* 2 EL zerlassene Butter
1 TL Rosenwasser
Sonnenblumenöl, zum Einfetten

Kandierte Rosenblütenblätter

ungespritzte Blütenblätter von rosafarbenen Rosen
1 Eiweiß, verquirlt
Zucker, zum Bestreuen

94

Pesto-Canapés

1. Mehl, Backpulver und Salz in eine Schüssel sieben. Mit Milch, Ei, Öl und Pesto zu einem glatten Teig verrühren und 5 Minuten stehen lassen.
2. Eine Pfanne dünn einfetten und bei mittlerer Temperatur erhitzen. Teelöffelgroße Teigportionen in die Pfanne setzen und braten, bis sich an der Oberfläche Blasen zeigen.
3. Mit einem Palettmesser wenden und die andere Seite goldbraun braten. Den restlichen Teig ebenso verarbeiten. Die fertigen Pfannkuchen so lange warm halten.
4. Auf jeden Pfannkuchen einen kleinen Löffel Pesto und einige Parmesanspäne geben. Mit Basilikum garnieren und sofort servieren.

Für 10–12 Personen

- 150 g Weizenmehl
- 1½ TL Backpulver
- 1 Prise Salz
- 250 ml Milch
- 1 Ei (Größe L)
- 2 EL Sonnenblumenöl, plus etwas zum Einfetten

3 EL rotes oder grünes Pesto, plus etwas zum Servieren

Parmesanspäne, zum Servieren

frisches Basilikum, zum Garnieren

Wraps mit Putenbrust & Salat

1. Mehl und Salz in eine Schüssel sieben. Mit Milch, Wasser, Ei und Butter zu einem glatten, schaumigen Teig verrühren. Die Zwiebeln einrühren und 15 Minuten stehen lassen.

2. Eine Pfanne (Ø 24 cm) dünn einfetten und bei mittlerer Temperatur erhitzen. So viel Teig durch Schwenken darin verteilen, dass der Boden dünn bedeckt ist. Die Unterseite goldbraun braten, dann mit einem Palettmesser wenden und die andere Seite goldbraun braten.

3. Den restlichen Teig ebenso verarbeiten. Die fertigen Crêpes mit Küchenpapier dazwischen stapeln und abkühlen lassen.

4. Für die Füllung Mayonnaise und Zitronensaft verrühren. Mit Salz und Pfeffer abschmecken. Die Pfannkuchen mit der Creme bestreichen und den Nüssen bestreuen. Salat und Putenbrustscheiben darauflegen.

5. Die Seiten der Crêpes übereinanderschlagen, sodass die Füllung umhüllt ist. Mit etwas Cranberry-Sauce garnieren und kalt servieren.

Für 6 Personen

- 150 g Weizenmehl
- 1 Prise Salz
- 250 ml Milch
- 50 ml Wasser
- 1 Ei (Größe L)
- 2 EL zerlassene Butter
- 4 Frühlingszwiebeln, sehr fein gehackt
- Sonnenblumenöl, zum Einfetten

Füllung

- 4 EL Mayonnaise
- 1 EL Zitronensaft
- Salz und Pfeffer
- 50 g Pekannüsse, gehackt
- ½ kleiner Romanasalat, in Streifen
- 350 g Putenbrust, in Scheiben
- 4 EL Cranberry-Sauce

96

Salamiröllchen

Für 6–8 Personen

100 ml Wasser

3 EL frisch gehackte Kräuter, z. B. Petersilie, Schnittlauch und Kerbel

- 150 g Weizenmehl
- 1 Prise Salz
- 250 ml Milch
- 1 Ei (Größe L)
- 2 EL Olivenöl

Sonnenblumenöl, zum Einfetten

Füllung

100 g Mascarpone

3 EL Mayonnaise

225 g Mailänder Salami, in dünnen Scheiben

1. Wasser und Kräuter in einen Mixer geben und fein zerkleinern. Mehl und Salz in eine Schüssel sieben. Mit Milch, Ei, Öl und Kräuterwasser zu einem glatten, schaumigen Teig verrühren und 15 Minuten stehen lassen.
2. Eine Pfanne (Ø 24 cm) dünn einfetten und bei mittlerer Temperatur erhitzen. So viel Teig durch Schwenken darin verteilen, dass der Boden dünn bedeckt ist. Die Unterseite goldbraun braten, dann mit einem Palettmesser wenden und die andere Seite goldbraun braten.
3. Den restlichen Teig ebenso verarbeiten. Die fertigen Crêpes mit Küchenpapier dazwischen stapeln und warm halten.
4. Mascarpone und Mayonnaise glatt rühren und die Crêpes damit bestreichen. Mit Salamischeiben belegen und fest aufrollen.
5. Die Rollen in 2 cm dicke Scheiben schneiden und mit Holzspießchen feststecken. Als Fingerfood servieren.

97

Asiatische Pfannkuchenröllchen

Für 4 Personen

- 150 g Weizenmehl
- 1 Prise Salz
- 250 ml fettarme Milch
- 50 ml Wasser
- 1 Ei (Größe L)
- 2 EL Erdnussöl, plus etwas zum Einfetten und Frittieren

Füllung

1 EL Sesamöl

175 g Austernpilze, in Streifen

1 EL frisch geriebener Ingwer

6 Frühlingszwiebeln, in feinen Ringen

200 g Bohnensprossen

200 g gegarte, ausgelöste Garnelen

1 Ei, verquirlt

Sojasauce, zum Dippen

1. Mehl und Salz in eine Schüssel sieben. Mit Milch, Wasser, Ei und Öl zu einem glatten, schaumigen Teig verrühren und 15 Minuten stehen lassen.

2. Eine Pfanne (Ø 20 cm) dünn einfetten und bei mittlerer Temperatur erhitzen. So viel Teig durch Schwenken darin verteilen, dass der Boden dünn bedeckt ist. Die Unterseite goldbraun braten, dann mit einem Palettmesser wenden und die andere Seite goldbraun braten.

3. Den restlichen Teig ebenso verarbeiten. Die fertigen Crêpes mit Küchenpapier dazwischen stapeln und warm halten.

4. Für die Füllung das Öl bei hoher Temperatur in einem Wok erhitzen. Pilze und Ingwer darin 2–3 Minuten unter ständigem Rühren anbraten. Zwiebeln, Bohnensprossen und Garnelen zufügen. Vom Herd nehmen.

5. Die Füllung auf den Crêpes verteilen. Die Ränder mit verquirltem Ei bestreichen, die Seiten einschlagen und die Crêpes fest aufrollen.

6. Ausreichend Öl zum Frittieren in einen Topf oder Wok geben. Auf 180 °C erhitzen (ein Brotwürfel bräunt darin in 30 Sekunden). Die Röllchen portionsweise 3–4 Minuten frittieren, bis sie goldbraun sind. Dabei einmal wenden.

7. Auf Küchenpapier abtropfen lassen und sofort servieren. Dazu Sojasauce zum Dippen reichen.

98

Waffeln mit Blauschimmelkäse

Für 8 Personen

- 150 g Weizenmehl
- 1½ TL Backpulver
- 1 Prise Salz
- 250 ml Milch
- 1 Ei (Größe L)
- 2 EL Sonnenblumenöl, plus etwas zum Einfetten

100 g Blauschimmelkäse, zerkrümelt

Zum Servieren

250 g Lachsfilet, pochiert und zerpflückt

4 EL Sahnemeerrettich

Pfeffer

Zitronenspalten

1. Mehl, Backpulver und Salz in eine Schüssel sieben. Mit Milch, Ei und Öl zu einem glatten Teig verrühren. Den Blauschimmelkäse einrühren und 5 Minuten stehen lassen.

2. Ein Waffeleisen dünn einfetten und vorheizen. Etwas Teig ins Waffeleisen füllen und goldbraun backen. Den restlichen Teig ebenso verarbeiten. Die fertigen Waffeln so lange warm halten.

3. Die Waffeln mit etwas Lachs und einem Löffel Sahnemeerrettich anrichten. Mit Pfeffer würzen und mit Zitronenspalten servieren.

99

Spargelröllchen

1. Mehl und Salz in eine Schüssel sieben. Mit Milch, Wasser, Ei und Butter zu einem glatten, schaumigen Teig verrühren und 15 Minuten stehen lassen.
2. Für die Zitronenbutter Butter, Zitronensaft und -schale in einem kleinen Topf bei niedriger Temperatur erhitzen, bis die Butter geschmolzen ist. Mit Pfeffer würzen und warm halten.
3. Eine Pfanne (Ø 20 cm) dünn einfetten und bei mittlerer Temperatur erhitzen. So viel Teig durch Schwenken darin verteilen, dass der Boden dünn bedeckt ist. Die Unterseite goldbraun braten, dann mit einem Palettmesser wenden und die andere Seite goldbraun braten.
4. Den restlichen Teig ebenso verarbeiten. Die fertigen Crêpes mit Küchenpapier dazwischen stapeln und warm halten.
5. Für die Füllung Wasser mit etwas Salz in einem Topf zum Kochen bringen. Den Spargel 5–6 Minuten bissfest garen. Abtropfen lassen. Auf jede Crêpe eine Spargelstange legen. Mit Salz und Pfeffer würzen, dann aufrollen.
6. Die Röllchen in der Mitte durchschneiden und sofort servieren. Dazu Zitronenbutter zum Dippen reichen.

Für 4 Personen

- 150 g Weizenmehl
- 1 Prise Salz
- 250 ml Milch
- 100 ml Wasser
- 1 Ei (Größe L)
- 2 EL zerlassene Butter
- Sonnenblumenöl, zum Einfetten

Zitronenbutter

140 g gesalzene Butter

fein abgeriebene Schale und Saft von 1 Zitrone

Füllung

8 dicke grüne Spargelstangen

Salz und Pfeffer

Waffeln mit Jambalaya

1. Mehl, Backpulver, Salz und Piment in eine Schüssel sieben. Mit Tomatensaft, Ei und Öl zu einem glatten Teig verrühren. Den Reis untermischen und 5 Minuten stehen lassen.

2. Ein Waffeleisen dünn einfetten und vorheizen. Etwas Teig ins Waffeleisen füllen und goldbraun backen. Den restlichen Teig ebenso verarbeiten. Die fertigen Waffeln so lange warm halten.

3. Für den Belag das Öl bei hoher Temperatur in einem Wok erhitzen. Zwiebel, Paprika und Sellerie darin 3–4 Minuten unter ständigem Rühren anbraten. Thymian und Fleisch zufügen und weitere 3–4 Minuten braten, bis das Fleisch gar ist.

4. Garnelen und Chorizo untermischen. Mit Salz und Pfeffer würzen und alles gut durchwärmen. Die Waffeln mit dem Jambalaya anrichten, mit Pfeffer bestreuen und sofort servieren.

Für 4 Personen

* 150 g Weizenmehl
* 1½ TL Backpulver
* 1 Prise Salz
* ½ TL gemahlener Piment
* 250 ml Tomatensaft
* 1 Ei (Größe L)
* 2 EL Maiskeimöl, plus etwas zum Einfetten
* 175 g gegarter Langkornreis

Belag

- 2 EL Maiskeimöl
- 1 Zwiebel, in Ringen
- 1 grüne Paprika, in Streifen
- 1 Selleriestange, in Scheiben
- 1 TL getrockneter Thymian
- 1 Hähnchenbrustfilet, in feinen Streifen
- 120 g gegarte, ausgelöste Garnelen
- 80 g Chorizo, in Scheiben
- Salz und Pfeffer

Register